Vorwort

Ciao ragazzo, ciao ragazza,

in Forza! Italienische Verben Verbtabellen kannst du schnell und einfach die einzelnen Verben nachschlagen. Es eignet sich bestens für die Schule und für unterwegs.

Buon lavoro!

Verena Lechner

Alle Rechte vorbehalten. Jede Art der Vervielfältigung, auch die des auszugsweisen Nachdrucks, der fotomechanischen Wiedergabe sowie der Einspeicherung und Verarbeitung in elektronische Systeme, ist gesetzlich verboten.

Erläuterung

Forza! Verben ist nach den einzelnen Konjugationsklassen bzw. nach regelmäßigen und unregelmäßigen Verben gegliedert.

Zuerst werden die Verben auf die **regelmäßigen** Endungen **–are, –ere** und **–ire** angeführt. Danach folgen regelmäßige Verben mit unregelmäßigen Formen im *passato remoto* und im *participio passato*.

Zuletzt sind die **unregelmäßigen** Verben in alphabetischer Reihenfolge angeführt.

Nach den Verbtabellen folgt eine alphabetische Verbliste. Rechts neben dem jeweiligen Verb ist die Nummer der Verbtabelle angeführt, zB:

| rimboccare | 2 |

Das Verb *rimboccare* wird somit wie *cercare* (siehe Verbtabelle) konjugiert.

Alle Verben, welche die zusammengesetzten Zeiten mit *essere* bilden, sind mit * gekennzeichnet, zB:

vergognarsi*	1
verificare; -rsi*	2
partire*	18

Rückbezügliche Verben, wie zB *vergognarsi*, müssen mit den rückbezüglichen Pronomen **mi, ti, si, ci, vi, si** ergänzt werden.

() zeigt an, dass es bei dem jeweiligen Verb keine zusammengesetzten Formen gibt.

Übersicht Verbtabellen

1	abitare	31	decidere	61	inferire
2	cercare	32	dipingere	62	andare
3	pagare	33	dirigere	63	apparire
4	annunciare	34	discutere	64	avere
5	mangiare	35	distinguere	65	bere
6	graziare	36	divellere	66	compiere
7	inviare	37	eccellere	67	condurre
8	credere	38	emergere	68	dare
9	cadere	39	esistere	69	dire
10	cuocere	40	espellere	70	dolere
11	godere	41	esprimere	71	dovere
12	nuocere	42	fondere	72	essere
13	sedere	43	leggere	73	fare
14	spegnere	44	mettere	74	imbevere
15	tacere	45	muovere	75	morire
16	vedere	46	nascere	76	parere
17	vivere	47	perdere	77	piovere
18	sentire	48	porgere	78	piacere
19	finire	49	prendere	79	porre
20	cucire	50	redigere	80	potere
21	salire	51	redimere	81	rimanere
22	udire	52	rispondere	82	sapere
23	uscire	53	rompere	83	sciogliere
24	annettere	54	scindere	84	soddisfare
25	assolvere	55	scrivere	85	solere
26	assumere	56	scuotere	86	stare
27	chiedere	57	stringere	87	tenere
28	concedere	58	vincere	88	trarre
29	conoscere	59	volgere	89	valere
30	correre	60	aprire	90	venire
				91	volere

Regelmäßige Verben

1 abitare

presente	passato prossimo
abito	ho abitato
abiti	hai abitato
abita	ha abitato
abitiamo	abbiamo abitato
abitate	avete abitato
abitano	hanno abitato

imperfetto	trapassato prossimo
abitavo	avevo abitato
abitavi	avevi abitato
abitava	aveva abitato
abitavamo	avevamo abitato
abitavate	avevate abitato
abitavano	avevano abitato

passato remoto	trapassato remoto
abitai	ebbi abitato
abitasti	avesti abitato
abitò	ebbe abitato
abitammo	avemmo abitato
abitaste	aveste abitato
abitarono	ebbero abitato

futuro semplice	futuro anteriore
abiterò	avrò abitato
abiterai	avrai abitato
abiterà	avrà abitato
abiteremo	avremo abitato
abiterete	avrete abitato
abiteranno	avranno abitato

condizionale semplice	condizionale composto
abiterei	avrei abitato
abiteresti	avresti abitato
abiterebbe	avrebbe abitato
abiteremmo	avremmo abitato
abitereste	avreste abitato
abiterebbero	avrebbero abitato

congiuntivo presente	congiuntivo passato
abiti	abbia abitato
abiti	abbia abitato
abiti	abbia abitato
abitiamo	abbiamo abitato
abitiate	abbiate abitato
abitino	abbiano abitato

congiuntivo imperfetto	congiuntivo trapassato
abitassi	avessi abitato
abitassi	avessi abitato
abitasse	avesse abitato
abitassimo	avessimo abitato
abitaste	aveste abitato
abitassero	avessero abitato

imperativo affermativo	imperativo negativo
abita	non abitare
abiti	non abiti
abitiamo	non abitiamo
abitate	non abitate
abitino	non abitino

participio presente	participio passato
abitante	abitato

gerundio	
abitando	

2 cercare
c → ch vor e und i

presente	passato prossimo
cerco	ho cercato
cerchi	hai cercato
cerca	ha cercato
cerchiamo	abbiamo cercato
cercate	avete cercato
cercano	hanno cercato

imperfetto	trapassato prossimo
cercavo	avevo cercato
cercavi	avevi cercato
cercava	aveva cercato
cercavamo	avevamo cercato
cercavate	avevate cercato
cercavano	avevano cercato

passato remoto	trapassato remoto
cercai	ebbi cercato
cercasti	avesti cercato
cercò	ebbe cercato
cercammo	avemmo cercato
cercaste	aveste cercato
cercarono	ebbero cercato

futuro semplice	futuro anteriore
cercherò	avrò cercato
cercherai	avrai cercato
cercherà	avrà cercato
cercheremo	avremo cercato
cercherete	avrete cercato
cercheranno	avranno cercato

condizionale semplice	condizionale composto
cercherei	avrei cercato
cercheresti	avresti cercato
cercherebbe	avrebbe cercato
cercheremmo	avremmo cercato
cerchereste	avreste cercato
cercherebbero	avrebbero cercato

congiuntivo presente	congiuntivo passato
cerchi	abbia cercato
cerchi	abbia cercato
cerchi	abbia cercato
cerchiamo	abbiamo cercato
cerchiate	abbiate cercato
cerchino	abbiano cercato

congiuntivo imperfetto	congiuntivo trapassato
cercassi	avessi cercato
cercassi	avessi cercato
cercasse	avesse cercato
cercassimo	avessimo cercato
cercaste	aveste cercato
cercassero	avessero cercato

imperativo affermativo	imperativo negativo
cerca	non cercare
cerchi	non cerchi
cerchiamo	non cerchiamo
cercate	non cercate
cerchino	non cerchino

participio presente	participio passato
cercante	cercato

gerundio	
cercando	

3 pagare

g → gh vor e und i

presente	passato prossimo
pago	ho pagato
paghi	hai pagato
paga	ha pagato
paghiamo	abbiamo pagato
pagate	avete pagato
pagano	hanno pagato

imperfetto	trapassato prossimo
pagavo	avevo pagato
pagavi	avevi pagato
pagava	aveva pagato
pagavamo	avevamo pagato
pagavate	avevate pagato
pagavano	avevano pagato

passato remoto	trapassato remoto
pagai	avevo pagato
pagasti	avevi pagato
pagò	aveva pagato
pagammo	avevamo pagato
pagaste	avevate pagato
pagarono	avevano pagato

futuro semplice	futuro anteriore
pagherò	avrò pagato
pagherai	avrai pagato
pagherà	avrà pagato
pagheremo	avremo pagato
pagherete	avrete pagato
pagheranno	avranno pagato

condizionale semplice	condizionale composto
pagherei	avrei pagato
pagheresti	avresti pagato
pagherebbe	avrebbe pagato
pagheremmo	avremmo pagato
paghereste	avreste pagato
pagherebbero	avrebbero pagato

congiuntivo presente	congiuntivo passato
paghi	abbia pagato
paghi	abbia pagato
paghi	abbia pagato
paghiamo	abbiamo pagato
paghiate	abbiate pagato
paghino	abbiano pagato

congiuntivo imperfetto	congiuntivo trapassato
pagassi	avessi pagato
pagassi	avessi pagato
pagasse	avesse pagato
pagassimo	avessimo pagato
pagaste	aveste pagato
pagassero	avessero pagato

imperativo affermativo	imperativo negativo
paga	non pagare
paghi	non paghi
paghiamo	non paghiamo
pagate	non pagate
paghino	non paghino

participio presente	participio passato
pagante	pagato

gerundio	
pagando	

4 annunciare

cie → ce; cii → ci

presente	passato prossimo
annuncio	ho annunciato
annunci	hai annunciato
annuncia	ha annunciato
annunciamo	abbiamo annunciato
annunciate	avete annunciato
annunciano	hanno annunciato

imperfetto	trapassato prossimo
annunciavo	avevo annunciato
annunciavi	avevi annunciato
annunciava	aveva annunciato
annunciavamo	avevamo annunciato
annunciavate	avevate annunciato
annunciavano	avevano annunciato

passato remoto	trapassato remoto
annunciai	ebbi annunciato
annunciasti	avesti annunciato
annunciò	ebbe annunciato
annunciammo	avemmo annunciato
annunciaste	aveste annunciato
annunciarono	ebbero annunciato

futuro semplice	futuro anteriore
annuncerò	avrò annunciato
annuncerai	avrai annunciato
annuncerà	avrà annunciato
annunceremo	avremo annunciato
annuncerete	avrete annunciato
annunceranno	avranno annunciato

© Forza! Verbtabellen

condizionale semplice	condizionale composto
annuncerei	avrei annunciato
annunceresti	avresti annunciato
annuncerebbe	avrebbe annunciato
annunceremmo	avremmo annunciato
annuncereste	avreste annunciato
annuncerebbero	avrebbero annunciato

congiuntivo presente	congiuntivo passato
annunci	abbia annunciato
annunci	abbia annunciato
annunci	abbia annunciato
annunciamo	abbiamo annunciato
annunciate	abbiate annunciato
annuncino	abbiano annunciato

congiuntivo imperfetto	congiuntivo trapassato
annunciassi	avessi annunciato
annunciassi	avessi annunciato
annunciasse	avesse annunciato
annunciassimo	avessimo annunciato
annunciaste	aveste annunciato
annunciassero	avessero annunciato

imperativo affermativo	imperativo negativo
annuncia	non annunciare
annunci	non annunci
annunciamo	non annunciamo
annunciate	non annunciate
annuncino	non annuncino

participio presente	participio passato
annunciante	annunciato

gerundio	
annunciando	

5 mangiare
gie → ge; gii → gi

presente	passato prossimo
mangio	ho mangiato
mangi	hai mangiato
mangia	ha mangiato
mangiamo	abbiamo mangiato
mangiate	avete mangiato
mangiano	hanno mangiato

imperfetto	trapassato prossimo
mangiavo	avevo mangiato
mangiavi	avevi mangiato
mangiava	aveva mangiato
mangiavamo	avevamo mangiato
mangiavate	avevate mangiato
mangiavano	avevano mangiato

passato remoto	trapassato remoto
mangiai	ebbi mangiato
mangiasti	avesti mangiato
mangiò	ebbe mangiato
mangiammo	avemmo mangiato
mangiaste	aveste mangiato
mangiarono	ebbero mangiato

futuro semplice	futuro anteriore
mangerò	avrò mangiato
mangerai	avrai mangiato
mangerà	avrà mangiato
mangeremo	avremo mangiato
mangerete	avrete mangiato
mangeranno	avranno mangiato

© Forza! Verbtabellen

condizionale semplice	condizionale composto
mangerei	avrei mangiato
mangeresti	avresti mangiato
mangerebbe	avrebbe mangiato
mangeremmo	avremmo mangiato
mangereste	avreste mangiato
mangerebbero	avrebbero mangiato

congiuntivo presente	congiuntivo passato
mangi	abbia mangiato
mangi	abbia mangiato
mangi	abbia mangiato
mangiamo	abbiamo mangiato
mangiate	abbiate mangiato
mangino	abbiano mangiato

congiuntivo imperfetto	congiuntivo trapassato
mangiassi	avessi mangiato
mangiassi	avessi mangiato
mangiasse	avesse mangiato
mangiassimo	avessimo mangiato
mangiaste	aveste mangiato
mangiassero	avessero mangiato

imperativo affermativo	imperativo negativo
mangia	non mangiare
mangi	non mangi
mangiamo	non mangiamo
mangiate	non mangiate
mangino	non mangino

participio presente	participio passato
mangiante	mangiato

gerundio	
mangiando	

6 graziare

ii → i

presente	passato prossimo
grazio	ho graziato
grazi	hai graziato
grazia	ha graziato
graziamo	abbiamo graziato
graziate	avete graziato
graziano	hanno graziato

imperfetto	trapassato prossimo
graziavo	avevo graziato
graziavi	avevi graziato
graziava	aveva graziato
graziavamo	avevamo graziato
graziavate	avevate graziato
graziavano	avevano graziato

passato remoto	trapassato remoto
graziai	ebbi graziato
graziasti	avesti graziato
graziò	ebbe graziato
graziammo	avemmo graziato
graziaste	aveste graziato
graziarono	ebbero graziato

futuro semplice	futuro anteriore
grazierò	avrò graziato
grazierai	avrai graziato
grazierà	avrà graziato
grazieremo	avremo graziato
grazierete	avrete graziato
grazieranno	avranno graziato

condizionale semplice	condizionale composto
grazierei	avrei graziato
grazieresti	avresti graziato
grazierebbe	avrebbe graziato
grazieremmo	avremmo graziato
graziereste	avreste graziato
grazierebbero	avrebbero graziato

congiuntivo presente	congiuntivo passato
grazi	abbia graziato
grazi	abbia graziato
grazi	abbia graziato
graziamo	abbiamo graziato
graziate	abbiate graziato
grazino	abbiano graziato

congiuntivo imperfetto	congiuntivo trapassato
graziassi	avessi graziato
graziassi	avessi graziato
graziasse	avesse graziato
graziassimo	avessimo graziato
graziaste	aveste graziato
graziassero	avessero graziato

imperativo affermativo	imperativo negativo
grazia	non graziare
grazi	non grazi
graziamo	non graziamo
graziate	non graziate
grazino	non grazino

participio presente	participio passato
graziante	graziato

gerundio	
graziando	

7 inviare
ii → i innerhalb des Verbs

presente	passato prossimo
invio	ho inviato
invii	hai inviato
invia	ha inviato
inviamo	abbiamo inviato
inviate	avete inviato
inviano	hanno inviato

imperfetto	trapassato prossimo
inviavo	avevo inviato
inviavi	avevi inviato
inviava	aveva inviato
inviavamo	avevamo inviato
inviavate	avevate inviato
inviavano	avevano inviato

passato remoto	trapassato remoto
inviai	ebbi inviato
inviasti	avesti inviato
inviò	ebbe inviato
inviammo	avemmo inviato
inviaste	aveste inviato
inviarono	ebbero inviato

futuro semplice	futuro anteriore
invierò	avrò inviato
invierai	avrai inviato
invierà	avrà inviato
invieremo	avremo inviato
invierete	avrete inviato
invieranno	avranno inviato

condizionale semplice	condizionale composto
invierei	avrei inviato
invieresti	avresti inviato
invierebbe	avrebbe inviato
invieremmo	avremmo inviato
inviereste	avreste inviato
invierebbero	avrebbero inviato

congiuntivo presente	congiuntivo passato
invii	abbia inviato
invii	abbia inviato
invii	abbia inviato
inviamo	abbiamo inviato
inviate	abbiate inviato
inviino	abbiano inviato

congiuntivo imperfetto	congiuntivo trapassato
inviassi	avessi inviato
inviassi	avessi inviato
inviasse	avesse inviato
inviassimo	avessimo inviato
inviaste	aveste inviato
inviassero	avessero inviato

imperativo affermativo	imperativo negativo
invia	non inviare
invii	non invii
inviamo	non inviamo
inviate	non inviate
inviino	non inviino

participio presente	participio passato
inviante	inviato

gerundio	
inviando	

8 credere

presente	passato prossimo
credo	ho creduto
credi	hai creduto
crede	ha creduto
crediamo	abbiamo creduto
credete	avete creduto
credono	hanno creduto

imperfetto	trapassato prossimo
credevo	avevo creduto
credevi	avevi creduto
credeva	aveva creduto
credevamo	avevamo creduto
credevate	avevate creduto
credevano	avevano creduto

passato remoto	trapassato remoto
credetti/credei	ebbi creduto
credesti	avesti creduto
credette/credé	ebbe creduto
credemmo	avemmo creduto
credeste	aveste creduto
credettero/crederono	ebbero creduto

futuro semplice	futuro anteriore
crederò	avrò creduto
crederai	avrai creduto
crederà	avrà creduto
crederemo	avremo creduto
crederete	avrete creduto
crederanno	avranno creduto

condizionale semplice	condizionale composto
crederei	avrei creduto
crederesti	avresti creduto
crederebbe	avrebbe creduto
crederemmo	avremmo creduto
credereste	avreste creduto
crederebbero	avrebbero creduto

congiuntivo presente	congiuntivo passato
creda	abbia creduto
creda	abbia creduto
creda	abbia creduto
crediamo	abbiamo creduto
crediate	abbiate creduto
credano	abbiano creduto

congiuntivo imperfetto	congiuntivo trapassato
credessi	avessi creduto
credessi	avessi creduto
credesse	avesse creduto
credessimo	avessimo creduto
credeste	aveste creduto
credessero	avessero creduto

imperativo affermativo	imperativo negativo
credi	non credere
creda	non creda
crediamo	non crediamo
credete	non credete
credano	non credano

participio presente	participio passato
credente	creduto

gerundio	
credendo	

9 cadere

der → re; unregelmäßiges Verb im passato remoto

presente	passato prossimo
cado	sono caduto/a
cadi	sei caduto/a
cade	è caduto/a
cadiamo	siamo caduti/e
cadete	siete caduti/e
cadono	sono caduti/e

imperfetto	trapassato prossimo
cadevo	ero caduto/a
cadevi	eri caduto/a
cadeva	era caduto/a
cadevamo	eravamo caduti/e
cadevate	eravate caduti/e
cadevano	erano caduti/e

passato remoto	trapassato remoto
caddi	fui caduto/a
cadesti	fosti caduto/a
cadde	fu caduto/a
cademmo	fummo caduti/e
cadeste	foste caduti/e
caddero	furono caduti/e

futuro semplice	futuro anteriore
cadrò	sarò caduto/a
cadrai	sarai caduto/a
cadrà	sarà caduto/a
cadremo	saremo caduti/e
cadrete	sarete caduti/e
cadranno	saranno caduti/e

condizionale semplice	condizionale composto
cadrei	sarei caduto/a
cadresti	saresti caduto/a
cadrebbe	sarebbe caduto/a
cadremmo	saremmo caduti/e
cadreste	sarete caduti/e
cadrebbero	sarebbero caduti/e

congiuntivo presente	congiuntivo passato
cada	sia caduto/a
cada	sia caduto/a
cada	sia caduto/a
cadiamo	siamo caduti/e
cadiate	siate caduti/e
cadano	siano caduti/e

congiuntivo imperfetto	congiuntivo trapassato
cadessi	fossi caduto/a
cadessi	fossi caduto/a
cadesse	fosse caduto/a
cadessimo	fossimo caduti/e
cadeste	foste caduti/e
cadessero	fossero caduti/e

imperativo affermativo	imperativo negativo
cadi	non cadere
cada	non cada
cadiamo	non cadiamo
cadete	non cadete
cadano	non cadano

participio presente	participio passato
cadente	caduto

gerundio	
cadendo	

10 cuocere

c → ci vor a und o; unregelmäßiges Verb im passato remoto und participio passato

presente	passato prossimo
cuocio	ho cotto
cuoci	hai cotto
cuoce	ha cotto
cuociamo	abbiamo cotto
cuocete	avete cotto
cuociono	hanno cotto

imperfetto	trapassato prossimo
cuocevo	avevo cotto
cuocevi	avevi cotto
cuoceva	aveva cotto
cuocevamo	avevamo cotto
cuocevate	avevate cotto
cuocevano	avevano cotto

passato remoto	trapassato remoto
cossi	ebbi cotto
cocesti	avesti cotto
cosse	ebbe cotto
cocemmo	avemmo cotto
coceste	aveste cotto
cossero	ebbero cotto

futuro semplice	futuro anteriore
cuocerò	avrò cotto
cuocerai	avrai cotto
cuocerà	avrà cotto
cuoceremo	avremo cotto
cuocerete	avrete cotto
cuoceranno	avranno cotto

condizionale semplice	condizionale composto
cuocerei	avrei cotto
cuoceresti	avresti cotto
cuocerebbe	avrebbe cotto
cuoceremmo	avremmo cotto
cuocereste	avreste cotto
cuocerebbero	avrebbero cotto

congiuntivo presente	congiuntivo passato
cuocia	abbia cotto
cuocia	abbia cotto
cuocia	abbia cotto
cuociamo	abbiamo cotto
cuociate	abbiate cotto
cuociono	abbiano cotto

congiuntivo imperfetto	congiuntivo trapassato
cuocessi	avessi cotto
cuocessi	avessi cotto
cuocesse	avesse cotto
cuocessimo	avessimo cotto
cuoceste	aveste cotto
cuocessero	avessero cotto

imperativo affermativo	imperativo negativo
cuoci	non cuocere
cuocia	non cuocia
cuociamo	non cuociamo
cuocete	non cuocete
cuociano	non cuociano

participio presente	participio passato
cocente	cotto

gerundio	
cuocendo	

11   godere

der → dr

presente	passato prossimo
godo	ho goduto
godi	hai goduto
gode	ha goduto
godiamo	abbiamo goduto
godete	avete goduto
godono	hanno goduto

imperfetto	trapassato prossimo
godevo	avevo goduto
godevi	avevi goduto
godeva	aveva goduto
godevamo	avevamo goduto
godevate	avevate goduto
godevano	avevano goduto

passato remoto	trapassato remoto
godetti/godei	ebbi goduto
godesti	avesti goduto
godette/godé	ebbe goduto
godemmo	avemmo goduto
godeste	aveste goduto
godettero/goderono	ebbero goduto

futuro semplice	futuro anteriore
godrò	avrò goduto
godrai	avrai goduto
godrà	avrà goduto
godremo	avremo goduto
godrete	avrete goduto
godranno	avranno goduto

© Forza! Verbtabellen

condizionale semplice	condizionale composto
godrei	avrei goduto
godresti	avresti goduto
godreste	avrebbe goduto
godremmo	avremmo goduto
godreste	avreste goduto
godrebbero	avrebbero goduto

congiuntivo presente	congiuntivo passato
goda	abbia goduto
goda	abbia goduto
goda	abbia goduto
godiamo	abbiamo goduto
godiate	abbiate goduto
godano	abbiano goduto

congiuntivo imperfetto	congiuntivo trapassato
godessi	avessi goduto
godessi	avessi goduto
godesse	avesse goduto
godessimo	avessimo goduto
godeste	aveste goduto
godessero	avessero goduto

imperativo affermativo	imperativo negativo
godi	non godere
goda	non goda
godiamo	non godiamo
godete	non godete
godano	non godano

participio presente	participio passato
godente	goduto

gerundio	
godendo	

12 nuocere

c → cci vor a und o; unregelmäßiges Verb im passato prossimo und participio passato

presente	passato prossimo
nuoci	ho nociuto
nuoci	hai nociuto
nuoce	ha nociuto
nuociamo	abbiamo nociuto
nuocete	avete nociuto
nuocciono	hanno nociuto

imperfetto	trapassato prossimo
nuocevo	avevo nociuto
nuocevi	avevi nociuto
nuoceva	aveva nociuto
nuocevamo	avevamo nociuto
nuocevate	avevate nociuto
nuocevano	avevano nociuto

passato remoto	trapassato remoto
nocqui	ebbi nociuto
nuocesti	avesti nociuto
nocque	ebbe nociuto
nuocemmo	avemmo nociuto
nuoceste	aveste nociuto
nocquero	ebbero nociuto

futuro semplice	futuro anteriore
nuocerò	avrò nociuto
nuocerai	avrai nociuto
nuocerà	avrà nociuto
nuoceremo	avremo nociuto
nuocerete	avrete nociuto
nuoceranno	avranno nociuto

condizionale semplice	condizionale composto
nuocerei	avrei nociuto
nuoceresti	avresti nociuto
nuocerebbe	avrebbe nociuto
nuoceremmo	avremmo nociuto
nuocereste	avreste nociuto
nuocerebbero	avrebbero nociuto

congiuntivo presente	congiuntivo passato
nuoccia	abbia nociuto
nuoccia	abbia nociuto
nuoccia	abbia nociuto
nuociamo	abbiamo nociuto
nuociate	abbiate nociuto
nuocciano	abbiano nociuto

congiuntivo imperfetto	congiuntivo trapassato
nuocessi	avessi nociuto
nuocessi	avessi nociuto
nuocesse	avesse nociuto
nuocessimo	avessimo nociuto
nuoceste	aveste nociuto
nuocessero	avessero nociuto

imperativo affermativo	imperativo negativo
nuoci	non nuocere
nuoccia	non nuoccia
nuociamo	non nuociamo
nuocete	non nuocete
nuocciano	non nuocciano

participio presente	participio passato
nuocente	nociuto

gerundio	
nuocendo	

13 sedere
betontes e → ie

presente	passato prossimo
siedo	sono seduto/a
siedi	sei seduto/a
siede	è seduto/a
sediamo	siamo seduti/e
sedete	siete seduti/e
siedono	sono seduti/e

imperfetto	trapassato prossimo
sedevo	ero seduto/a
sedevi	eri seduto/a
sedeva	era seduto/a
sedevamo	eravamo seduti/e
sedevate	eravate seduti/e
sedevano	erano seduti/e

passato remoto	trapassato remoto
sedetti/sedei	fui seduto/a
sedesti	fosti seduto/a
sedette/sedé	fu seduto/a
sedemmo	fummo seduti/e
sedeste	foste seduti/e
sedettero/sederono	furono seduti/e

futuro semplice	futuro anteriore
sederò	sarò seduto/a
sederai	sarai seduto/a
sederà	sarà seduto/a
sederemo	saremo seduti/e
sederete	sarete seduti/e
sederanno	saranno seduti/e

© Forza! Verbtabellen

condizionale semplice	condizionale composto
sederei	sarei seduto/a
sederesti	saresti seduto/a
sederebbe	sarebbe seduto/a
sederemmo	saremmo seduti/e
sedereste	sareste seduti/e
sederebbero	sarebbero seduti/e

congiuntivo presente	congiuntivo passato
sieda	sia seduto/a
sieda	sia seduto/a
sieda	sia seduto/a
sediamo	siamo seduti/e
sediate	siate seduti/e
siedano	siano seduti/e

congiuntivo imperfetto	congiuntivo trapassato
sedessi	fossi seduto/a
sedessi	fossi seduto/a
sedesse	fosse seduto/a
sedessimo	fossimo seduti/e
sedeste	foste seduti/e
sedessero	fossero seduti/e

imperativo affermativo	imperativo negativo
siedi	non sedere
sieda	non sieda
sediamo	non sediamo
sedete	non sedete
siedano	non siedano

participio presente	participio passato
sedente	seduto

gerundio	
sedendo	

14   spegnere

gn → ng vor a und o; unregelmäßiges Verb im passato remoto und participio passato

presente	passato prossimo
spengo	ho spento
spegni	hai spento
spegne	ha spento
spegniamo	abbiamo spento
spegnete	avete spento
spengono	hanno spento

imperfetto	trapassato prossimo
spegnevo	avevo spento
spegnevi	avevi spento
spegneva	aveva spento
spegnevamo	avevamo spento
spegnevate	avevate spento
spegnevano	avevano spento

passato remoto	trapassato remoto
spensi	ebbi spento
spegnesti	avesti spento
spense	ebbe spento
spegnemmo	avemmo spento
spegneste	aveste spento
spensero	ebbero spento

futuro semplice	futuro anteriore
spegnerò	avrò spento
spegnerai	avrai spento
spegnerà	avrà spento
spegneremo	avremo spento
spegnerete	avrete spento
spegneranno	avranno spento

condizionale semplice	condizionale composto
spegnerei	avrei spento
spegneresti	avresti spento
spegnerebbe	avrebbe spento
spegneremmo	avremmo spento
spegnereste	avreste spento
spegnerebbero	avrebbero spento

congiuntivo presente	congiuntivo passato
spenga	abbia spento
spenga	abbia spento
spenga	abbia spento
spegniamo	abbiamo spento
spengiate	abbiate spento
spengano	abbiano spento

congiuntivo imperfetto	congiuntivo trapassato
spegnessi	avessi spento
spegnessi	avessi spento
spegnesse	avesse spento
spegnessimo	avessimo spento
spegneste	aveste spento
spegnessero	avessero spento

imperativo affermativo	imperativo negativo
spegni	non spegnere
spenga	non spenga
spegniamo	non spegniamo
spegnete	non spegnete
spengano	non spengano

participio presente	participio passato
spegnente	spento

gerundio	
spegnendo	

15 tacere

c → cci vor a und o; unregelmäßiges Verb im passato remoto und participio passato

presente	passato prossimo
taccio	ho taciuto
taci	hai taciuto
tace	ha taciuto
tac(c)iamo	abbiamo taciuto
tacete	avete taciuto
tacciono	hanno taciuto

imperfetto	trapassato prossimo
tacevo	avevo taciuto
tacevi	avevi taciuto
taceva	aveva taciuto
tacevamo	avevamo taciuto
tacevate	avevate taciuto
tacevano	avevano taciuto

passato remoto	trapassato remoto
tacqui	ebbi taciuto
tacesti	avesti taciuto
tacque	ebbe taciuto
tacemmo	avemmo taciuto
taceste	aveste taciuto
tacquero	ebbero taciuto

futuro semplice	futuro anteriore
tacerò	avrò taciuto
tacerai	avrai taciuto
tacerà	avrà taciuto
taceremo	avremo taciuto
tacerete	avrete taciuto
taceranno	avranno taciuto

© Forza! Verbtabellen

condizionale semplice	condizionale composto
tacerei	avrei taciuto
taceresti	avresti taciuto
tacerebbe	avrebbe taciuto
taceremmo	avremmo taciuto
tacereste	avreste taciuto
tacerebbero	avrebbero taciuto

congiuntivo presente	congiuntivo passato
taccia	abbia taciuto
taccia	abbia taciuto
taccia	abbia taciuto
tac(c)iamo	abbiamo taciuto
tac(c)iate	abbiate taciuto
tacciano	abbiano taciuto

congiuntivo imperfetto	congiuntivo trapassato
tacessi	avessi taciuto
tacessi	avessi taciuto
tacesse	avesse taciuto
tacessimo	avessimo taciuto
taceste	aveste taciuto
tacessero	avessero taciuto

imperativo affermativo	imperativo negativo
taci	non tacere
taccia	non taccia
tac(c)iamo	non tac(c)iamo
tacete	non tacete
tacciano	non tacciano

participio presente	participio passato
tacente	taciuto

gerundio	
tacendo	

16 vedere

der → dr; unregelmäßiges Verb im passato remoto und participio passato

presente	passato prossimo
vedo	ho visto
vedi	hai visto
vede	ha visto
vediamo	abbiamo visto
vedete	avete visto
vedono	hanno visto

imperfetto	trapassato prossimo
vedevo	avevo visto
vedevi	avevi visto
vedeva	aveva visto
vedevamo	avevamo visto
vedevate	avevate visto
vedevano	avevano visto

passato remoto	trapassato remoto
vidi	ebbi visto
vedesti	avesti visto
vide	ebbe visto
vedemmo	avemmo visto
vedeste	aveste visto
videro	ebbero visto

futuro semplice	futuro anteriore
vedrò	avrò visto
vedrai	avrai visto
vedrà	avrà visto
vedremo	avremo visto
vedrete	avrete visto
vedranno	avranno visto

condizionale semplice	condizionale composto
vedrei	avrei visto
vedresti	avresti visto
vedrebbe	avrebbe visto
vedremmo	avremmo visto
vedreste	avreste visto
vedrebbero	avrebbero visto

congiuntivo presente	congiuntivo passato
veda	abbia visto
veda	abbia visto
veda	abbia visto
vediamo	abbiamo visto
vediate	abbiate visto
vedano	abbiano visto

congiuntivo imperfetto	congiuntivo trapassato
vedessi	avessi visto
vedessi	avessi visto
vedesse	avesse visto
vedessimo	avessimo visto
vedeste	aveste visto
vedessero	avessero visto

imperativo affermativo	imperativo negativo
vedi	non vedere
veda	non veda
vediamo	non vediamo
vedete	non vedete
vedano	non vedano

participio presente	participio passato
vedente	visto

gerundio	
vedendo	

17	vivere
ver → vr; unregelmäßiges Verb im passato remoto und participio passato	
presente	**passato prossimo**
vivo	sono vissuto/a
vivi	sei vissuto/a
vive	è vissuto/a
viviamo	siamo vissuti/e
vivete	siete vissuti/e
vivono	sono vissuti/e

imperfetto	**trapassato prossimo**
vivevo	ero vissuto/a
vivevi	eri vissuto/a
viveva	era vissuto/a
vivevamo	eravamo vissuti/e
vivevate	eravate vissuti/e
vivevano	erano vissuti/e

passato remoto	**trapassato remoto**
vissi	fui vissuto/a
vivesti	fosti vissuto/a
visse	fu vissuto/a
vivemmo	fummo vissuti/e
viveste	foste vissuti/e
vissero	furono vissuti/e

futuro semplice	**futuro anteriore**
vivrò	sarò vissuto/a
vivrai	sarai vissuto/a
vivrà	sarà vissuto/a
vivremo	saremo vissuti/e
vivrete	sarete vissuti/e
vivranno	saranno vissuti/e

condizionale semplice	condizionale composto
vivrei	sarei vissuto/a
vivresti	saresti vissuto/a
vivrebbe	sarebbe vissuto/a
vivremmo	saremmo vissuti/e
vivreste	sareste vissuti/e
vivrebbero	sarebbero vissuti/e

congiuntivo presente	congiuntivo passato
viva	sia vissuto/a
viva	sia vissuto/a
viva	sia vissuto/a
viviamo	siamo vissuti/e
viviate	siate vissuti/e
vivano	siano vissuti/e

congiuntivo imperfetto	congiuntivo trapassato
vivessi	fossi vissuto/a
vivessi	fossi vissuto/a
vivesse	fosse vissuto/a
vivessimo	fossimo vissuti/e
viveste	foste vissuti/e
vivessero	fossero vissuti/e

imperativo affermativo	imperativo negativo
vivi	non vivere
viva	non viva
viviamo	non viviamo
vivete	non vivete
vivano	non vivano

participio presente	participio passato
vivente	vissuto

gerundio	
vivendo	

18 sentire

presente	passato prossimo
sento	ho sentito
senti	hai sentito
sente	ha sentito
sentiamo	abbiamo sentito
sentite	avete sentito
sentono	hanno sentito

imperfetto	trapassato prossimo
sentivo	avevo sentito
sentivi	avevi sentito
sentiva	aveva sentito
sentivamo	avevamo sentito
sentivate	avevate sentito
sentivano	avevano sentito

passato remoto	trapassato remoto
sentii	ebbi sentito
sentisti	avesti sentito
sentì	ebbe sentito
sentimmo	avemmo sentito
sentiste	aveste sentito
sentirono	ebbero sentito

futuro semplice	futuro anteriore
sentirò	avrò sentito
sentirai	avrai sentito
sentirà	avrà sentito
sentiremo	avremo sentito
sentirete	avrete sentito
sentiranno	avranno sentito

condizionale semplice	condizionale composto
sentirei	avrei sentito
sentiresti	avresti sentito
sentirebbe	avrebbe sentito
sentiremmo	avremmo sentito
sentireste	avreste sentito
sentirebbero	avrebbero sentito

congiuntivo presente	congiuntivo passato
senta	abbia sentito
senta	abbia sentito
senta	abbia sentito
sentiamo	abbiamo sentito
sentiate	abbiate sentito
sentano	abbiano sentito

congiuntivo imperfetto	congiuntivo trapassato
sentissi	avessi sentito
sentissi	avessi sentito
sentisse	avesse sentito
sentissimo	avessimo sentito
sentiste	aveste sentito
sentissero	avessero sentito

imperativo affermativo	imperativo negativo
senti	non sentire
senta	non senta
sentiamo	non sentiamo
sentite	non sentite
sentano	non sentano

participio presente	participio passato
sentente	sentito

gerundio	
sentendo	

19 finire
regelmäßiges Verb mit Stammerweiterung -isc-

presente	passato prossimo
finisco	ho finito
finisci	hai finito
finisce	ha finito
finiamo	abbiamo finito
finite	avete finito
finiscono	hanno finito

imperfetto	trapassato prossimo
finivo	avevo finito
finivi	avevi finito
finiva	aveva finito
finivamo	avevamo finito
finivate	avevate finito
finivano	avevano finito

passato remoto	trapassato remoto
finii	ebbi finito
finisti	avesti finito
finì	ebbi finito
finimmo	avemmo finito
finiste	aveste finito
finirono	ebbero finito

futuro semplice	futuro anteriore
finirò	avrò finito
finirai	avrai finito
finirà	avrà finito
finiremo	avremo finito
finirete	avrete finito
finiranno	avranno finito

condizionale semplice	condizionale composto
finirei	avrei finito
finiresti	avresti finito
finirebbe	avrebbe finito
finiremmo	avremmo finito
finireste	avreste finito
finirebbero	avrebbero finito

congiuntivo presente	congiuntivo passato
finisca	abbia finito
finisca	abbia finito
finisca	abbia finito
finiamo	abbiamo finito
finiate	abbiate finito
finiscano	abbiano finito

congiuntivo imperfetto	congiuntivo trapassato
finissi	avessi finito
finissi	avessi finito
finisse	avesse finito
finissimo	avessimo finito
finiste	aveste finito
finissero	avessero finito

imperativo affermativo	imperativo negativo
finisci	non finire
finisca	non finisca
finiamo	non finiamo
finite	non finite
finiscano	non finiscano

participio presente	participio passato
finente	finito

gerundio	
finendo	

20 cucire

c → ci vor a und o

presente	passato prossimo
cucio	ho cucito
cuci	hai cucito
cuce	ha cucito
cuciamo	abbiamo cucito
cucite	avete cucito
cuciono	hanno cucito

imperfetto	trapassato prossimo
cucivo	avevo cucito
cucivi	avevi cucito
cuciva	aveva cucito
cucivamo	avevamo cucito
cucivate	avevate cucito
cucivano	avevano cucito

passato remoto	trapassato remoto
cucii	ebbi cucito
cucisti	avesti cucito
cucì	ebbe cucito
cucimmo	avemmo cucito
cuciste	aveste cucito
cucirono	ebbero cucito

futuro semplice	futuro anteriore
cucirò	avrò cucito
cucirai	avrai cucito
cucirà	avrà cucito
cuciremo	avremo cucito
cucirete	avrete cucito
cuciranno	avranno cucito

© Forza! Verbtabellen

condizionale semplice	condizionale composto
cucirei	avrei cucito
cuciresti	avresti cucito
cucirebbe	avrebbe cucito
cuciremmo	avremmo cucito
cucireste	avreste cucito
cucirebbero	avrebbero cucito

congiuntivo presente	congiuntivo passato
cucia	abbia cucito
cucia	abbia cucito
cucia	abbia cucito
cuciamo	abbiamo cucito
cuciate	abbiate cucito
cuciano	abbiano cucito

congiuntivo imperfetto	congiuntivo trapassato
cucissi	avessi cucito
cucissi	avessi cucito
cucisse	avesse cucito
cucissimo	avessimo cucito
cuciste	aveste cucito
cucissero	avessero cucito

imperativo affermativo	imperativo negativo
cuci	non cucire
cucia	non cucia
cuciamo	non cuciamo
cucite	non cucite
cuciano	non cuciano

participio presente	participio passato
cucente	cucito

gerundio	
cucendo	

21 salire

I → lg vor a und o

presente	passato prossimo
salgo	sono salito/a
sali	sei salito/a
sale	è salito/a
saliamo	siamo saliti/e
salite	siete saliti/e
salgono	sono saliti/e

imperfetto	trapassato prossimo
salivo	ero salito/a
salivi	eri salito/a
saliva	era salito/a
salivamo	eravamo saliti/e
salivate	eravate saliti/e
salivano	erano saliti/e

passato remoto	trapassato remoto
salii	fui salito/a
salisti	fosti salito/a
salì	fu salito/a
salimmo	fummo saliti/e
saliste	foste saliti/e
salirono	furono saliti/e

futuro semplice	futuro anteriore
salirò	sarò salito/a
salirai	sarai salito/a
salirà	sarà salito/a
saliremo	saremo saliti/e
salirete	sarete saliti/e
saliranno	saranno saliti/e

condizionale semplice	condizionale composto
salirei	sarei salito/a
saliresti	saresti salito/a
salirebbe	sarebbe salito/a
saliremmo	saremmo saliti/e
salireste	sareste saliti/e
salirebbero	sarebbero saliti/e

congiuntivo presente	congiuntivo passato
salga	sia salito/a
salga	sia salito/a
salga	sia salito/a
saliamo	siamo saliti/e
saliate	siate saliti/e
salgano	siano saliti/e

congiuntivo imperfetto	congiuntivo trapassato
salissi	fossi salito/a
salissi	fossi salito/a
salisse	fosse salito/a
salissimo	fossimo saliti/e
saliste	foste saliti/e
salissero	fossero saliti/e

imperativo affermativo	imperativo negativo
sali	non salire
salga	non salga
saliamo	non saliamo
salite	non salite
salgano	non salgano

participio presente	participio passato
salente	salito

gerundio	
salendo	

22 udire

betontes u vor d → o; dir → dir/dr

presente	passato prossimo
odo	ho udito
odi	hai udito
ode	ha udito
udiamo	abbiamo udito
udite	avete udito
odono	hanno udito

imperfetto	trapassato prossimo
udivo	avevo udito
udivi	avevi udito
udiva	aveva udito
udivamo	avevamo udito
udivate	avevate udito
udivano	avevano udito

passato remoto	trapassato remoto
udii	ebbi udito
udisti	avesti udito
udì	ebbe udito
udimmo	avemmo udito
udiste	aveste udito
udirono	ebbero udito

futuro semplice	futuro anteriore
udirò/udrò	avrò udito
udirai/udrai	avrai udito
udirà/udrà	avrà udito
udiremo/udremo	avremo udito
udirete/udrete	avrete udito
udiranno/udranno	avranno udito

condizionale semplice	condizionale composto
udirei/udrei	avrei udito
udiresti/udresti	avresti udito
udirebbe/udrebbe	avrebbe udito
udiremmo/udremmo	avremmo udito
udireste/udreste	avreste udito
udirebbero/udrebbero	avrebbero udito

congiuntivo presente	congiuntivo passato
oda	abbia udito
oda	abbia udito
oda	abbia udito
udiamo	abbiamo udito
udiate	abbiate udito
odano	abbiano udito

congiuntivo imperfetto	congiuntivo trapassato
udissi	avessi udito
udissi	avessi udito
udisse	avesse udito
udissimo	avessimo udito
udiste	aveste udito
udissero	avessero udito

imperativo affermativo	imperativo negativo
odi	non udire
oda	non oda
udiamo	non udiamo
udite	non udite
odano	non odano

participio presente	participio passato
udente/udiente	udito

gerundio	
udendo	

23 uscire	
betontes u vor sc → e	
presente	**passato prossimo**
esco	sono uscito/a
esci	sei uscito/a
esce	è uscito/a
usciamo	siamo usciti/e
uscite	siete usciti/e
escono	sono usciti/e
imperfetto	**trapassato prossimo**
uscivo	ero uscito/a
uscivi	eri uscito/a
usciva	era uscito/a
uscivamo	eravamo usciti/e
uscivate	eravate usciti/e
uscivano	erano usciti/e
passato remoto	**trapassato remoto**
uscii	fui uscito/a
uscisti	fosti uscito/a
uscì	fu uscito/a
uscimmo	fummo usciti/e
usciste	foste usciti/e
uscirono	furono usciti/e
futuro semplice	**futuro anteriore**
uscirò	sarò uscito/a
uscirai	sarai uscito/a
uscirà	sarà uscito/a
usciremo	saremo usciti/e
uscirete	sarete usciti/e
usciranno	saranno usciti/e

© Forza! Verbtabellen

condizionale semplice	condizionale composto
uscirei	sarei uscito/a
usciresti	saresti uscito/a
uscirebbe	sarebbe uscito/a
usciremmo	saremmo usciti/e
uscireste	sareste usciti/e
uscirebbero	sarebbero usciti/e

congiuntivo presente	congiuntivo passato
esca	sia uscito/a
esca	sia uscito/a
esca	sia uscito/a
usciamo	siamo usciti/e
usciate	siate usciti/e
escano	siano usciti/e

congiuntivo imperfetto	congiuntivo trapassato
uscissi	fossi uscito/a
uscissi	fossi uscito/a
uscisse	fosse uscito/a
uscissimo	fossimo usciti/e
usciste	foste usciti/e
uscissero	fossero usciti/e

imperativo affermativo	imperativo negativo
esci	non uscire
esca	non esca
usciamo	non usciamo
uscite	non uscite
escano	non escano

participio presente	participio passato
uscente	uscito

gerundio	
uscendo	

24 annettere

unregelmäßiges Verb im passato remoto und participio passato

presente	passato prossimo
annetto	ho annesso
annetti	hai annesso
annette	ha annesso
annettiamo	abbiamo annesso
annettete	avete annesso
annettono	hanno annesso

imperfetto	trapassato prossimo
annettevo	avevo annesso
annettevi	avevi annesso
annetteva	aveva annesso
annettevamo	avevamo annesso
annettevate	avevate annesso
annettevano	avevano annesso

passato remoto	trapassato remoto
annettei/annessi	ebbi annesso
annettesti	avesti annesso
annetté/annesse	ebbe annesso
annettemmo	avemmo annesso
annetteste	aveste annesso
annetterono/annessero	ebbero annesso

futuro semplice	futuro anteriore
annetterò	avrò annesso
annetterai	avrai annesso
annetterà	avrà annesso
annetteremo	avremo annesso
annetterete	avrete annesso
annetteranno	avranno annesso

© Forza! Verbtabellen

condizionale semplice	condizionale composto
annetterei	avrei annesso
annetteresti	avresti annesso
annetterebbe	avrebbe annesso
annetteremmo	avremmo annesso
annettereste	avreste annesso
annetterebbero	avrebbero annesso

congiuntivo presente	congiuntivo passato
annetta	abbia annesso
annetta	abbia annesso
annetta	abbia annesso
annettiamo	abbiamo annesso
annettiate	abbiate annesso
annettano	abbiano annesso

congiuntivo imperfetto	congiuntivo trapassato
annettessi	avessi annesso
annettessi	avessi annesso
annettesse	avesse annesso
annettessimo	avessimo annesso
annetteste	aveste annesso
annettessero	avessero annesso

imperativo affermativo	imperativo negativo
annetti	non annettere
annetta	non annetta
annettiamo	non annettiamo
annettete	non annettete
annettano	non annettano

participio presente	participio passato
annettente	annesso

gerundio	
annettendo	

25	assolvere

unregelmäßiges Verb im passato remoto und participio passato

presente	passato prossimo
assolvo	ho assolto
assolvi	hai assolto
assolve	ha assolto
assolviamo	abbiamo assolto
assolvete	avete assolto
assolvono	hanno assolto

imperfetto	trapassato prossimo
assolvevo	avevo assolto
assolvevi	avevi assolto
assolveva	aveva assolto
assolvevamo	avevamo assolto
assolvevate	avevate assolto
assolvevano	avevano assolto

passato remoto	trapassato remoto
assolsi	ebbi assolto
assolvesti	avesti assolto
assolse	ebbe assolto
assolvemmo	avemmo assolto
assolveste	aveste assolto
assolsero	avessero assolto

futuro semplice	futuro anteriore
assolverò	avrò assolto
assolverai	avrai assolto
assolverà	avrà assolto
assolveremo	avremo assolto
assolverete	avrete assolto
assolveranno	avranno assolto

© Forza! Verbtabellen

condizionale semplice	condizionale composto
assolverei	avrei assolto
assolveresti	avresti assolto
assolverebbe	avrebbe assolto
assolveremmo	avremmo assolto
assolvereste	avreste assolto
assolverebbero	avrebbero assolto

congiuntivo presente	congiuntivo passato
assolva	abbia assolto
assolva	abbia assolto
assolva	abbia assolto
assolviamo	abbiamo assolto
assolviate	abbiate assolto
assolvano	abbiano assolto

congiuntivo imperfetto	congiuntivo trapassato
assolvessi	avessi assolto
assolvessi	avessi assolto
assolvesse	avesse assolto
assolvessimo	avessimo assolto
assolveste	aveste assolto
assolvessero	avessero assolto

imperativo affermativo	imperativo negativo
assolvi	non assolvere
assolva	non assolva
assolviamo	non assolviamo
assolvete	non assolvete
assolvano	non assolvano

participio presente	participio passato
assolvente	assolto

gerundio	
assolvendo	

© Forza! Verbtabellen

26 assumere

unregelmäßiges Verb im passato remoto und participio passato

presente	passato prossimo
assumo	ho assunto
assumi	hai assunto
assume	ha assunto
assumiamo	abbiamo assunto
assumete	avete assunto
assumono	hanno assunto

imperfetto	trapassato prossimo
assumevo	avevo assunto
assumevi	avevi assunto
assumeva	aveva assunto
assumevano	avevamo assunto
assumevate	avevate assunto
assumevano	avevano assunto

passato remoto	trapassato remoto
assunsi	ebbi assunto
assumesti	avesti assunto
assunse	ebbe assunto
assumemmo	avemmo assunto
assumeste	aveste assunto
assunsero	ebbero assunto

futuro semplice	futuro anteriore
assumerò	avrò assunto
assumerai	avrai assunto
assumerà	avrà assunto
assumeremo	avremo assunto
assumerete	avrete assunto
assumeranno	avranno assunto

condizionale semplice	condizionale composto
assumerei	avrei assunto
assumeresti	avresti assunto
assumerebbe	avrebbe assunto
assumeremmo	avremmo assunto
assumereste	avreste assunto
assumerebbero	avrebbero assunto

congiuntivo presente	congiuntivo passato
assuma	abbia assunto
assuma	abbia assunto
assuma	abbia assunto
assumiamo	abbiamo assunto
assumiate	abbiate assunto
assumano	abbiano assunto

congiuntivo imperfetto	congiuntivo trapassato
assumessi	avessi assunto
assumessi	avessi assunto
assumesse	avesse assunto
assumessimo	avessimo assunto
assumeste	aveste assunto
assumessero	avessero assunto

imperativo affermativo	imperativo negativo
assumi	non assumere
assuma	non assuma
assumiamo	non assumiamo
assumete	non assumete
assumano	non assumano

participio presente	participio passato
assumente	assunto

gerundio	
assumendo	

27 chiedere

unregelmäßiges Verb im passato remoto und participio passato

presente	passato prossimo
chiedo	ho chiesto
chiedi	hai chiesto
chiede	ha chiesto
chiediamo	abbiamo chiesto
chiedete	avete chiesto
chiedono	hanno chiesto

imperfetto	trapassato prossimo
chiedevo	avevo chiesto
chiedevi	avevi chiesto
chiedeva	aveva chiesto
chiedevamo	avevamo chiesto
chiedevate	avevate chiesto
chiedevano	avevano chiesto

passato remoto	trapassato remoto
chiesi	ebbi chiesto
chiedesti	avesti chiesto
chiese	ebbe chiesto
chiedemmo	avemmo chiesto
chiedeste	aveste chiesto
chiesero	ebbero chiesto

futuro semplice	futuro anteriore
chiederò	avrò chiesto
chiederai	avrai chiesto
chiederà	avrà chiesto
chiederemo	avremo chiesto
chiederete	avrete chiesto
chiederanno	avranno chiesto

© Forza! Verbtabellen

condizionale semplice	condizionale composto
chiederei	avrei chiesto
chiederesti	avresti chiesto
chiederebbe	avrebbe chiesto
chiederemmo	avremmo chiesto
chiedereste	avreste chiesto
chiederebbero	avrebbero chiesto

congiuntivo presente	congiuntivo passato
chieda	abbia chiesto
chieda	abbia chiesto
chieda	abbia chiesto
chiediamo	abbiamo chiesto
chiediate	abbiate chiesto
chiedano	abbiano chiesto

congiuntivo imperfetto	congiuntivo trapassato
chiedessi	avessi chiesto
chiedessi	avessi chiesto
chiedessi	avesse chiesto
chiedessimo	avessimo chiesto
chiedeste	aveste chiesto
chiedessero	avessero chiesto

imperativo affermativo	imperativo negativo
chiedi	non chiedere
chieda	non chieda
chiediamo	non chiediamo
chiedete	non chiedete
chiedano	non chiedano

participio presente	participio passato
chiedente	chiesto

gerundio	
chiedendo	

© Forza! Verbtabellen

28 concedere

unregelmäßiges Verb im passato remoto und participio passato

presente	passato prossimo
concedo	ho concesso
concedi	hai concesso
concede	ha concesso
concediamo	abbiamo concesso
concedete	avete concesso
concedono	hanno concesso

imperfetto	trapassato prossimo
concedevo	avevo concesso
concedevi	avevi concesso
concedeva	aveva concesso
concedevamo	avevamo concesso
concedevate	avevate concesso
concedevano	avevano concesso

passato remoto	trapassato remoto
concessi/concedetti	ebbi concesso
concedesti	avesti concesso
concesse/concedette	ebbe concesso
concedemmo	avemmo concesso
concedeste	aveste concesso
concessero/concedettero	ebbero concesso

futuro semplice	futuro anteriore
concederò	avrò concesso
concederai	avrai concesso
concederà	avrà concesso
concederemo	avremo concesso
concederete	avrete concesso
concederanno	avranno concesso

© Forza! Verbtabellen

condizionale semplice	condizionale composto
concederei	avrei concesso
concederesti	avresti concesso
concederebbe	avrebbe concesso
concederemmo	avremmo concesso
concedereste	avreste concesso
concederebbero	avrebbero concesso

congiuntivo presente	congiuntivo passato
conceda	abbia concesso
conceda	abbia concesso
conceda	abbia concesso
concediamo	abbiamo concesso
concediate	abbiate concesso
concedano	abbiano concesso

congiuntivo imperfetto	congiuntivo trapassato
concedessi	avessi concesso
concedessi	avessi concesso
concedesse	avesse concesso
concedessimo	avessimo concesso
concedeste	aveste concesso
concedessero	avessero concesso

imperativo affermativo	imperativo negativo
concedi	non concedere
conceda	non conceda
concediamo	non concediamo
concedete	non concedete
concedano	non concedano

participio presente	participio passato
concedente	concesso

gerundio	
concedendo	

29	conoscere
unregelmäßiges Verb im passato remoto und participio passato	

presente	passato prossimo
conosco	ho conosciuto
conosci	hai conosciuto
conosce	ha conosciuto
conosciamo	abbiamo conosciuto
conoscete	avete conosciuto
conoscono	hanno conosciuto

imperfetto	trapassato prossimo
conoscevo	avevo conosciuto
conoscevi	avevi conosciuto
conosceva	aveva conosciuto
conoscevamo	avevamo conosciuto
conoscevate	avevate conosciuto
conoscevano	avevano conosciuto

passato remoto	trapassato remoto
conobbi	ebbi conosciuto
conoscesti	avesti conosciuto
conobbe	ebbe conosciuto
conoscemmo	avessimo conosciuto
conosceste	aveste conosciuto
conobbero	ebbero conosciuto

futuro semplice	futuro anteriore
conoscerò	avrò conosciuto
conoscerai	avrai conosciuto
conoscerà	avrà conosciuto
conosceremo	avremo conosciuto
conoscerete	avrete conosciuto
conosceranno	avranno conosciuto

condizionale semplice	condizionale composto
conoscerei	avrei conosciuto
conosceresti	avresti conosciuto
conoscerebbe	avrebbe conosciuto
conosceremmo	avremmo conosciuto
conoscereste	avreste conosciuto
conoscerebbero	avrebbero conosciuto

congiuntivo presente	congiuntivo passato
conosca	abbia conosciuto
conosca	abbia conosciuto
conosca	abbia conosciuto
conosciamo	abbiamo conosciuto
conosciate	abbiate conosciuto
conoscano	abbiano conosciuto

congiuntivo imperfetto	congiuntivo trapassato
conoscessi	avessi conosciuto
conoscessi	avessi conosciuto
conoscesse	avesse conosciuto
conoscessimo	avessimo conosciuto
conosceste	aveste conosciuto
conoscessero	avessero conosciuto

imperativo affermativo	imperativo negativo
conosci	non conoscere
conosca	non conosca
conosciamo	non conosciamo
conoscete	non conoscete
conoscano	non conoscano

participio presente	participio passato
conoscente	conosciuto

gerundio	
conoscendo	

30 correre

unregelmäßiges Verb im passato remoto und participio passato

presente	passato prossimo
corro	sono corso/a
corri	sei corso/a
corre	è corso/a
corriamo	siamo corsi/e
correte	siete corsi/e
corrono	sono corsi/e

imperfetto	trapassato prossimo
correvo	ero corso/a
correvi	eri corso/a
correva	era corso/a
correvamo	eravamo corsi/e
correvate	eravate corsi/e
correvano	erano corsi/e

passato remoto	trapassato remoto
corsi	fui corso/a
corresti	fosti corso/a
corse	fu corso/a
corremmo	fummo corsi/e
correste	foste corsi/e
corsero	furono corsi/e

futuro semplice	futuro anteriore
correrò	sarò corso/a
correrai	sarai corso/a
correrà	sarà corso/a
correremo	saremo corsi/e
correrete	sarete corsi/e
correranno	saranno corsi/e

condizionale semplice	condizionale composto
correrei	sarei corso/a
correresti	saresti corso/a
correrebbe	sarebbe corso/a
correremmo	saremmo corsi/e
correreste	sareste corsi/e
correrebbero	sarebbero corsi/e

congiuntivo presente	congiuntivo passato
corra	sia corso/a
corra	sia corso/a
corra	sia corso/a
corriamo	siamo corsi/e
corriate	siate corsi/e
corrano	siano corsi/e

congiuntivo imperfetto	congiuntivo trapassato
corressi	fossi corso/a
corressi	fossi corso/a
corresse	fosse corso/a
corressimo	fossimo corsi/e
correste	foste corsi/e
corressero	fossero corsi/e

imperativo affermativo	imperativo negativo
corri	non correre
corra	non corra
corriamo	non corriamo
correte	non correte
corrano	non corrano

participio presente	participio passato
corrente	corso

gerundio	
correndo	

31 decidere	
unregelmäßiges Verb im passato remoto und participio passato	
presente	**passato prossimo**
decido	ho deciso
decidi	hai deciso
decide	ha deciso
decidiamo	abbiamo deciso
decidete	avete deciso
decidono	hanno deciso
imperfetto	**trapassato prossimo**
decidevo	avevo deciso
decidevi	avevi deciso
decideva	aveva deciso
decidevamo	avevamo deciso
decidevate	avevate deciso
decidevano	avevano deciso
passato remoto	**trapassato remoto**
decisi	ebbi deciso
decidesti	avesti deciso
decise	ebbe deciso
decidemmo	avemmo deciso
decideste	aveste deciso
decisero	ebbero deciso
futuro semplice	**futuro anteriore**
deciderò	avrò deciso
deciderai	avrai deciso
deciderà	avrà deciso
decideremo	avremo deciso
deciderete	avrete deciso
decideranno	avranno deciso

© Forza! Verbtabellen

condizionale semplice	condizionale composto
deciderei	avrei deciso
decederesti	avresti deciso
deciderebbe	avrebbe deciso
decideremmo	avremmo deciso
decidereste	avreste deciso
deciderebbero	avrebbero deciso

congiuntivo presente	congiuntivo passato
decida	abbia deciso
decida	abbia deciso
decida	abbia deciso
decidiamo	abbiamo deciso
decidiate	abbiate deciso
decidano	abbiano deciso

congiuntivo imperfetto	congiuntivo trapassato
decidessi	avessi deciso
decidessi	avessi deciso
decidesse	avesse deciso
decidessimo	avessimo deciso
decideste	aveste deciso
decidessero	avessero deciso

imperativo affermativo	imperativo negativo
decidi	non decidere
decida	non decida
decidiamo	non decidiamo
decidete	non decidete
decidano	non decidano

participio presente	participio passato
decidente	deciso

gerundio	
decidendo	

32 dipingere

unregelmäßiges Verb im passato remoto und participio passato

presente	passato prossimo
dipingo	ho dipinto
dipingi	hai dipinto
dipinge	ha dipinto
dipingiamo	abbiamo dipinto
dipingete	avete dipinto
dipingono	hanno dipinto

imperfetto	trapassato prossimo
dipingevo	avevo dipinto
dipingevi	avevi dipinto
dipingeva	aveva dipinto
dipingevamo	avevamo dipinto
dipingevate	avevate dipinto
dipingevano	avevano dipinto

passato remoto	trapassato remoto
dipinsi	ebbi dipinto
dipingesti	avesti dipinto
dipinse	ebbe dipinto
dipingemmo	avemmo dipinto
dipingete	aveste dipinto
dipinsero	ebbero dipinto

futuro semplice	futuro anteriore
dipingerò	avrò dipinto
dipingerai	avrai dipinto
dipingerà	avrà dipinto
dipingeremo	avremo dipinto
dipingerete	avrete dipinto
dipingeranno	avranno dipinto

condizionale semplice	condizionale composto
dipingerei	avrei dipinto
dipingeresti	avresti dipinto
dipingerebbe	avrebbe dipinto
dipingeremmo	avremmo dipinto
dipingereste	avreste dipinto
dipingerebbero	avrebbero dipinto

congiuntivo presente	congiuntivo passato
dipinga	abbia dipinto
dipinga	abbia dipinto
dipinga	abbia dipinto
dipingiamo	abbiamo dipinto
dipingiate	abbiate dipinto
dipingano	abbiano dipinto

congiuntivo imperfetto	congiuntivo trapassato
dipingessi	avessi dipinto
dipingessi	avessi dipinto
dipingesse	avesse dipinto
dipingessimo	avessimo dipinto
dipingeste	aveste dipinto
dipingessero	avessero dipinto

imperativo affermativo	imperativo negativo
dipingi	non dipingere
dipinga	non dipinga
dipingiamo	non dipingiamo
dipingete	non dipingete
dipingano	non dipingano

participio presente	participio passato
dipingente	dipinto

gerundio	
dipingendo	

33 dirigere

unregelmäßiges Verb im passato remoto und participio passato

presente	passato prossimo
dirigo	ho diretto
dirigi	hai diretto
dirige	ha diretto
dirigiamo	abbiamo diretto
dirigete	avete diretto
dirigono	hanno diretto

imperfetto	trapassato prossimo
dirigevo	avevo diretto
dirigevi	avevi diretto
dirigeva	aveva diretto
dirigevamo	avevamo diretto
dirigevate	avevate diretto
dirigevano	avevano diretto

passato remoto	trapassato remoto
diressi	ebbi diretto
dirigesti	avesti diretto
diresse	ebbe diretto
dirigemmo	avemmo diretto
dirigeste	aveste diretto
diressero	avessero diretto

futuro semplice	futuro anteriore
dirigerò	avrò diretto
dirigerai	avrai diretto
dirigerà	avrà diretto
dirigeremo	avremo diretto
dirigerete	avrete diretto
dirigeranno	avranno diretto

condizionale semplice	condizionale composto
dirigerei	avrei diretto
dirigeresti	avresti diretto
dirigerebbe	avrebbe diretto
dirigeremmo	avremmo diretto
dirigereste	avreste diretto
dirigerebbero	avrebbero diretto

congiuntivo presente	congiuntivo passato
diriga	abbia diretto
diriga	abbia diretto
diriga	abbia diretto
dirigiamo	abbiamo diretto
dirigiate	abbiate diretto
dirigano	abbiano diretto

congiuntivo imperfetto	congiuntivo trapassato
dirigessi	avessi diretto
dirigessi	avessi diretto
dirigesse	avesse diretto
dirigessimo	avessimo diretto
dirigeste	aveste diretto
dirigessero	avessero diretto

imperativo affermativo	imperativo negativo
dirigi	non dirigere
diriga	non diriga
dirigiamo	non dirigiamo
dirigete	non dirigete
dirigano	non dirigano

participio presente	participio passato
dirigente	diretto

gerundio	
dirigendo	

34 discutere

unregelmäßiges Verb im passato remoto und participio passato

presente	passato prossimo
discuto	ho discusso
discuti	hai discusso
discute	ha discusso
discutiamo	abbiamo discusso
discutete	avete discusso
discutono	hanno discusso

imperfetto	trapassato prossimo
discutevo	avevo discusso
discutevi	avevi discusso
discuteva	aveva discusso
discutevamo	avevamo discusso
discutevate	avevate discusso
discutevano	avevano discusso

passato remoto	trapassato remoto
discussi	ebbi discusso
discutesti	avesti discusso
discusse	ebbe discusso
discutemmo	avemmo discusso
discuteste	aveste discusso
discussero	ebbero discusso

futuro semplice	futuro anteriore
discuterò	avrò discusso
discuterai	avrai discusso
discuterà	avrà discusso
discuteremo	avremo discusso
discuterete	avrete discusso
discuteranno	avranno discusso

condizionale semplice	condizionale composto
discuterei	avrei discusso
discuteresti	avresti discusso
discuterebbe	avrebbe discusso
discuteremmo	avremmo discusso
discutereste	avreste discusso
discuterebbero	avrebbero discusso

congiuntivo presente	congiuntivo passato
discuta	abbia discusso
discuta	abbia discusso
discuta	abbia discusso
discutiamo	abbiamo discusso
discutiate	abbiate discusso
discutano	abbiano discusso

congiuntivo imperfetto	congiuntivo trapassato
discutessi	avessi discusso
discutessi	avessi discusso
discutesse	avesse discusso
discutessimo	avessimo discusso
discuteste	aveste discusso
discutessero	avessero discusso

imperativo affermativo	imperativo negativo
discuti	non discutere
discuta	non discuta
discutiamo	non discutiamo
discutete	non discutete
discutano	non discutano

participio presente	participio passato
discutente	discusso

gerundio	
discutendo	

35 distinguere

unregelmäßiges Verb im passato remoto und participio passato

presente	passato prossimo
distinguo	ho distinto
distingui	hai distinto
distingue	ha distinto
distinguiamo	abbiamo distinto
distinguete	avete distinto
distinguono	hanno distinto

imperfetto	trapassato prossimo
distinguevo	avevo distinto
distinguevi	avevi distinto
distingueva	aveva distinto
distinguevamo	avevamo distinto
distinguevate	avevate distinto
distinguevano	avevano distinto

passato remoto	trapassato remoto
distinsi	ebbi distinto
distinguesti	avesti distinto
distinse	ebbe distinto
distinguemmo	avemmo distinto
distingueste	aveste distinto
distinsero	ebbero distinto

futuro semplice	futuro anteriore
distinguerò	avrò distinto
distinguerai	avrai distinto
distinguerà	avrà distinto
distingueremo	avremo distinto
distinguerete	avrete distinto
distingueranno	avranno distinto

condizionale semplice	condizionale composto
distinguerei	avrei distinto
distingueresti	avresti distinto
distinguerebbe	avrebbe distinto
distingueremmo	avremmo distinto
distinguereste	avreste distinto
distinguerebbero	avrebbero distinto

congiuntivo presente	congiuntivo passato
distingua	abbia distinto
distingua	abbia distinto
distingua	abbia distinto
distinguiamo	abbiamo distinto
distinguiate	abbiate distinto
distinguano	abbiano distinto

congiuntivo imperfetto	congiuntivo trapassato
distinguessi	avessi distinto
distinguessi	avessi distinto
distinguesse	avesse distinto
distinguessimo	avessimo distinto
distingueste	aveste distinto
distinguessero	avessero distinto

imperativo affermativo	imperativo negativo
distingui	non distinguere
distingua	non distingua
distinguiamo	non distinguiamo
distinguete	non distinguete
distinguano	non distinguano

participio presente	participio passato
distinguente	distinto

gerundio	
distinguendo	

36 divellere

unregelmäßiges Verb im passato remoto und participio passato

presente	passato prossimo
divello	ho divelto
divelli	hai divelto
divelle	ha divelto
divelliamo	abbiamo divelto
divellete	avete divelto
divellono	hanno divelto

imperfetto	trapassato prossimo
divellevo	avevo divelto
divellevi	avevi divelto
divelleva	aveva divelto
divellevamo	avevamo divelto
divellevate	avevate divelto
divellevano	avevano divelto

passato remoto	trapassato remoto
divelsi	ebbi divelto
divellesti	avesti divelto
divelse	ebbe divelto
divellemmo	avemmo divelto
divelleste	aveste divelto
divelsero	ebbero divelto

futuro semplice	futuro anteriore
divellerò	avrò divelto
divellerai	avrai divelto
divellerà	avrà divelto
divelleremo	avremo divelto
divellerete	avrete divelto
divelleranno	avranno divelto

condizionale semplice	condizionale composto
divellerei	avrei divelto
divelleresti	avresti divelto
divellerebbe	avrebbe divelto
divelleremmo	avremmo divelto
divellereste	avreste divelto
divellerebbero	avrebbero divelto

congiuntivo presente	congiuntivo passato
divella	abbia divelto
divella	abbia divelto
divella	abbia divelto
divelliamo	abbiamo divelto
divelliate	abbiate divelto
divellano	abbiano divelto

congiuntivo imperfetto	congiuntivo trapassato
divellessi	avessi divelto
divellessi	avessi divelto
divellesse	avesse divelto
divellessimo	avessimo divelto
divelleste	aveste divelto
divellessero	avessero divelto

imperativo affermativo	imperativo negativo
divelli	non divellere
divella	non divella
divelliamo	non divelliamo
divellete	non divellete
divellano	non divellano

participio presente	participio passato
divellente	divelto

gerundio	
divellendo	

37   eccellere

unregelmäßiges Verb im passato remoto und participio passato

presente	passato prossimo
eccello	ho eccelso
eccelli	hai eccelso
eccelle	ha eccelso
eccelliamo	abbiamo eccelso
eccellete	avete eccelso
eccellono	hanno eccelso

imperfetto	trapassato prossimo
eccellevo	avevo eccelso
eccellevi	avevi eccelso
eccelleva	aveva eccelso
eccellevamo	avevamo eccelso
eccellevate	avevate eccelso
eccellevano	avevano eccelso

passato remoto	trapassato remoto
eccelsi	ebbi eccelso
eccellesti	avesti eccelso
eccelse	ebbe eccelso
eccellemmo	avemmo eccelso
eccelleste	aveste eccelso
eccelsero	ebbero eccelso

futuro semplice	futuro anteriore
eccellerò	avrò eccelso
eccellerai	avrai eccelso
eccellerà	avrà eccelso
eccelleremo	avremo eccelso
eccellerete	avrete eccelso
eccelleranno	avranno eccelso

© Forza! Verbtabellen

condizionale semplice	condizionale composto
eccellerei	avrei eccelso
eccelleresti	avresti eccelso
eccellerebbe	avrebbe eccelso
eccelleremmo	avremmo eccelso
eccellereste	avreste eccelso
eccellerebbero	avrebbero eccelso

congiuntivo presente	congiuntivo passato
eccella	abbia eccelso
eccella	abbia eccelso
eccella	abbia eccelso
eccelliamo	abbiamo eccelso
eccelliate	abbiate eccelso
eccellano	abbiano eccelso

congiuntivo imperfetto	congiuntivo trapassato
eccellessi	avessi eccelso
eccellessi	avessi eccelso
eccellesse	avesse eccelso
eccellessimo	avessimo eccelso
eccelleste	aveste eccelso
eccellessero	avessero eccelso

imperativo affermativo	imperativo negativo
eccelli	non eccellere
eccella	non eccella
eccelliamo	non eccelliamo
eccellete	non eccellete
eccellano	non eccellano

participio presente	participio passato
eccellente	eccelso

gerundio	
eccellendo	

38 emergere

unregelmäßiges Verb im passato remoto und participio passato

presente	passato prossimo
emergo	sono emerso/a
emergi	sei emerso/a
emerge	è emerso/a
emergiamo	siamo emersi/e
emergete	siete emersi/e
emergono	sono emersi/e

imperfetto	trapassato prossimo
emergevo	ero emerso/a
emergevi	eri emerso/a
emergeva	era emerso/a
emergevamo	eravamo emersi/e
emergevate	eravate emersi/e
emergevano	erano emersi/e

passato remoto	trapassato remoto
emersi	fui emerso/a
emergesti	fosti emerso/a
emerse	fu emerso/a
emergemmo	fummo emersi/e
emergeste	foste emersi/e
emersero	furono emersi/e

futuro semplice	futuro anteriore
emergerò	sarò emerso/a
emergerai	sarai emerso/a
emergerà	sarà emerso/a
emergeremo	saremo emersi/e
emergerete	sarete emersi/e
emergeranno	saranno emersi/e

© Forza! Verbtabellen

condizionale semplice	condizionale composto
emergerei	sarei emerso/a
emergeresti	saresti emerso/a
emergerebbe	sarebbe emerso/a
emergeremmo	saremmo emersi/e
emergereste	sareste emersi/e
emergerebbero	sarebbero emersi/e

congiuntivo presente	congiuntivo passato
emerga	sia emerso/a
emerga	sia emerso/a
emerga	sia emerso/a
emergiamo	siamo emersi/e
emergiate	siate emersi/e
emergano	siano emersi/e

congiuntivo imperfetto	congiuntivo trapassato
emergessi	fossi emerso/a
emergessi	fossi emerso/a
emergesse	fosse emerso/a
emergessimo	fossimo emersi/e
emergeste	foste emersi/e
emergessero	fossero emersi/e

imperativo affermativo	imperativo negativo
emergi	non emergere
emerga	non emerga
emergiamo	non emergiamo
emergete	non emergete
emergano	non emergano

participio presente	participio passato
emergente	emerso

gerundio	
emergendo	

39 esistere

unregelmäßiges Verb im passato remoto und participio passato

presente	passato prossimo
esisto	sono esistito/a
esisti	sei esistito/a
esiste	è esistito/a
esistiamo	siamo esistiti/e
esistete	siete esistiti/e
esistono	sono esistiti/e

imperfetto	trapassato prossimo
esistevo	ero esistito/a
esistevi	eri esistito/a
esisteva	era esistito/a
esistevamo	eravamo esistiti/e
esistevate	eravate esistiti/e
esistevano	erano esistiti/e

passato remoto	trapassato remoto
esistei/esistetti	fui esistito/a
esistesti	fosti esistito/a
esisté/esistette	fu esistito/a
esistemmo	fummo esistiti/e
esisteste	foste esistiti/e
esisterono/esistettero	furono esistiti/e

futuro semplice	futuro anteriore
esisterò	sarò esistito/a
esisterai	sarai esistito/a
esisterà	sarà esistito/a
esisteremo	saremo esistiti/e
esisterete	sarete esistiti/e
esisteranno	saranno esistiti/e

© Forza! Verbtabellen

condizionale semplice	condizionale composto
esisterei	sarei esistito/a
esisteresti	saresti esistito/a
esisterebbe	sarebbe esistito/a
esisteremmo	saremmo esistiti/e
esistereste	sareste esistiti/e
esisterebbero	sarebbero esistiti/e

congiuntivo presente	congiuntivo passato
esista	sia esistito/a
esista	sia esistito/a
esista	sia esistito/a
esistiamo	siamo esistiti/e
esistiate	siate esistiti/e
esistano	siano esistiti/e

congiuntivo imperfetto	congiuntivo trapassato
esistessi	fossi esistito/a
esistessi	fossi esistito/a
esistesse	fosse esistito/a
esistessimo	fossimo esistiti/e
esisteste	foste esistiti/e
esistessero	fossero esistiti/e

imperativo affermativo	imperativo negativo
esisti	non esistere
esista	non esista
esistiamo	non esistiamo
esistete	non esistete
esistano	non esistano

participio presente	participio passato
esistente	esistito

gerundio	
esistendo	

40 espellere

unregelmäßiges Verb im passato remoto und participio passato

presente	passato prossimo
espello	ho espulso
espelli	hai espulso
espelle	ha espulso
espelliamo	abbiamo espulso
espellete	avete espulso
espellono	hanno espulso

imperfetto	trapassato prossimo
espellevo	avevo espulso
espellevi	avevi espulso
espelleva	aveva espulso
espellevamo	avevamo espulso
espellevate	avevate espulso
espellevano	avevano espulso

passato remoto	trapassato remoto
espulsi	ebbi espulso
espellesti	avesti espulso
espulse	ebbe espulso
espellemmo	avemmo espulso
espelleste	aveste espulso
espulsero	ebbero espulso

futuro semplice	futuro anteriore
espellerò	avrò espulso
espellerai	avrai espulso
espellerà	avrà espulso
espelleremo	avremo espulso
espellerete	avrete espulso
espelleranno	avranno espulso

condizionale semplice	condizionale composto
espellerei	avrei espulso
espelleresti	avresti espulso
espellerebbe	avrebbe espulso
espelleremmo	avremmo espulso
espellereste	avreste espulso
espellerebbero	avrebbero espulso

congiuntivo presente	congiuntivo passato
espella	abbia espulso
espella	abbia espulso
espella	abbia espulso
espelliamo	abbiamo espulso
espelliate	abbiate espulso
espellano	abbiano espulso

congiuntivo imperfetto	congiuntivo trapassato
espellessi	avessi espulso
espellessi	avessi espulso
espellesse	avesse espulso
espellessimo	avessimo espulso
espelleste	aveste espulso
espellessero	avessero espulso

imperativo affermativo	imperativo negativo
espelli	non espellere
espella	non espella
espelliamo	non espelliamo
espellete	non espellete
espellano	non espellano

participio presente	participio passato
espellente	espulso

gerundio	
espellendo	

© Forza! Verbtabellen

41 esprimere

unregelmäßiges Verb im passato remoto und participio passato

presente	passato prossimo
esprimo	ho espresso
esprimi	hai espresso
esprime	ha espresso
esprimiamo	abbiamo espresso
esprimete	avete espresso
esprimono	hanno espresso

imperfetto	trapassato prossimo
esprimevo	avevo espresso
esprimevi	avevi espresso
esprimeva	aveva espresso
esprimevamo	avevamo espresso
esprimevate	avevate espresso
esprimevano	avevano espresso

passato remoto	trapassato remoto
espressi	ebbi espresso
esprimesti	avesti espresso
espresse	ebbe espresso
esprimemmo	avemmo espresso
esprimeste	aveste espresso
espressero	ebbero espresso

futuro semplice	futuro anteriore
esprimerò	avrò espresso
esprimerai	avrai espresso
esprimerà	avrà espresso
esprimeremo	avremo espresso
esprimerete	avrete espresso
esprimeranno	avranno espresso

condizionale semplice	condizionale composto
esprimerei	avrei espresso
esprimeresti	avresti espresso
esprimerebbe	avrebbe espresso
esprimeremmo	avremmo espresso
esprimereste	avreste espresso
esprimerebbero	avrebbero espresso

congiuntivo presente	congiuntivo passato
esprima	abbia espresso
esprima	abbia espresso
esprima	abbia espresso
esprimiamo	abbiamo espresso
esprimiate	abbiate espresso
esprimano	abbiano espresso

congiuntivo imperfetto	congiuntivo trapassato
esprimessi	avessi espresso
esprimessi	avessi espresso
esprimesse	avesse espresso
esprimessimo	avessimo espresso
esprimeste	aveste espresso
esprimessero	avessero espresso

imperativo affermativo	imperativo negativo
esprimi	non esprimere
esprima	non esprima
esprimiamo	non esprimiamo
esprimete	non esprimete
esprimano	non esprimano

participio presente	participio passato
esprimente	espresso

gerundio	
esprimendo	

© Forza! Verbtabellen

42 fondere

unregelmäßiges Verb im passato remoto und participio passato

presente	passato prossimo
fondo	ho fuso
fondi	hai fuso
fonde	ha fuso
fondiamo	abbiamo fuso
fondete	avete fuso
fondono	hanno fuso

imperfetto	trapassato prossimo
fondevo	avevo fuso
fondevi	avevi fuso
fondeva	aveva fuso
fondevamo	avevamo fuso
fondevate	avevate fuso
fondevano	avevano fuso

passato remoto	trapassato remoto
fusi	ebbi fuso
fondesti	avesti fuso
fuse	ebbe fuso
fondemmo	avemmo fuso
fondeste	aveste fuso
fusero	ebbero fuso

futuro semplice	futuro anteriore
fonderò	avrò fuso
fonderai	avrai fuso
fonderà	avrà fuso
fonderemo	avremo fuso
fonderete	avrete fuso
fonderanno	avranno fuso

condizionale semplice	condizionale composto
fonderei	avrei fuso
fonderesti	avresti fuso
fonderebbe	avrebbe fuso
fonderemmo	avremmo fuso
fondereste	avreste fuso
fonderebbero	avrebbero fuso

congiuntivo presente	congiuntivo passato
fonda	abbia fuso
fonda	abbia fuso
fonda	abbia fuso
fondiamo	abbiamo fuso
fondiate	abbiate fuso
fondano	abbiano fuso

congiuntivo imperfetto	congiuntivo trapassato
fondessi	avessi fuso
fondessi	avessi fuso
fondesse	avesse fuso
fondessimo	avessimo fuso
fondeste	aveste fuso
fondessero	avessero fuso

imperativo affermativo	imperativo negativo
fondi	non fondere
fonda	non fonda
fondiamo	non fondiamo
fondete	non fondete
fondano	non fondano

participio presente	participio passato
fondente	fuso

gerundio	
fondendo	

43 leggere

unregelmäßiges Verb im passato remoto und participio passato

presente	passato prossimo
leggo	ho letto
leggi	hai letto
legge	ha letto
leggiamo	abbiamo letto
leggete	avete letto
leggono	hanno letto

imperfetto	trapassato prossimo
leggevo	avevo letto
leggevi	avevi letto
leggeva	aveva letto
leggevamo	avevamo letto
leggevate	avevate letto
leggevano	avevano letto

passato remoto	trapassato remoto
lessi	ebbi letto
leggesti	avesti letto
lesse	ebbe letto
leggemmo	avemmo letto
leggeste	aveste letto
lessero	ebbero letto

futuro semplice	futuro anteriore
leggerò	avrò letto
leggerai	avrai letto
leggerà	avrà letto
leggeremo	avremo letto
leggerete	avrete letto
leggeranno	avranno letto

© Forza! Verbtabellen

condizionale semplice	condizionale composto
leggerei	avrei letto
leggeresti	avresti letto
leggerebbe	avrebbe letto
leggeremmo	avremmo letto
leggereste	avreste letto
leggerebbero	avrebbero letto

congiuntivo presente	congiuntivo passato
legga	abbia letto
legga	abbia letto
legga	abbia letto
leggiamo	abbiamo letto
leggiate	abbiate letto
leggano	abbiano letto

congiuntivo imperfetto	congiuntivo trapassato
leggessi	avessi letto
leggessi	avessi letto
leggesse	avesse letto
leggessimo	avessimo letto
leggeste	aveste letto
leggessero	avessero letto

imperativo affermativo	imperativo negativo
leggi	non leggere
legga	non legga
leggiamo	non leggiamo
leggete	non leggete
leggano	non leggano

participio presente	participio passato
leggente	letto

gerundio	
leggendo	

44 mettere

unregelmäßiges Verb im passato remoto und participio passato

presente	passato prossimo
metto	ho messo
metti	hai messo
mette	ha messo
mettiamo	abbiamo messo
mettete	avete messo
mettono	hanno messo

imperfetto	trapassato prossimo
mettevo	avevo messo
mettevi	avevi messo
metteva	aveva messo
mettevamo	avevamo messo
mettevate	avevate messo
mettevano	avevano messo

passato remoto	trapassato remoto
misi	ebbi messo
mettesti	avesti messo
mise	ebbe messo
mettemmo	avemmo messo
metteste	aveste messo
misero	ebbero messo

futuro semplice	futuro anteriore
metterò	avrò messo
metterai	avrai messo
metterà	avrà messo
metteremo	avremo messo
metterete	avrete messo
metteranno	avranno messo

condizionale semplice	condizionale composto
metterei	avrei messo
metteresti	avresti messo
metterebbe	avrebbe messo
metteremmo	avremmo messo
mettereste	avreste messo
metterebbero	avrebbero messo

congiuntivo presente	congiuntivo passato
metta	abbia messo
metta	abbia messo
metta	abbia messo
mettiamo	abbiamo messo
mettiate	abbiate messo
mettano	abbiano messo

congiuntivo imperfetto	congiuntivo trapassato
mettessi	avessi messo
mettessi	avessi messo
mettesse	avesse messo
mettessimo	avessimo messo
metteste	aveste messo
mettessero	avessero messo

imperativo affermativo	imperativo negativo
metti	non mettere
metta	non metta
mettiamo	non mettiamo
mettete	non mettete
mettano	non mettano

participio presente	participio passato
mettente	messo

gerundio	
mettendo	

45 muovere

unregelmäßiges Verb im passato remoto und participio passato

presente	passato prossimo
muovo	ho mosso
muovi	hai mosso
muove	ha mosso
muoviamo	abbiamo mosso
muovete	avete mosso
muovono	hanno mosso

imperfetto	trapassato prossimo
muovevo	avevo mosso
muovevi	avevi mosso
muoveva	aveva mosso
muovevamo	avevamo mosso
muovevate	avevate mosso
muovevano	avevano mosso

passato remoto	trapassato remoto
mossi	ebbi mosso
muovesti	avesti mosso
mosse	ebbe mosso
muovemmo	avemmo mosso
muoveste	aveste mosso
mossero	ebbero mosso

futuro semplice	futuro anteriore
muoverò	avrò mosso
muoverai	avrai mosso
muoverà	avrà mosso
muoveremo	avremo mosso
muoverete	avrete mosso
muoveranno	avranno mosso

© Forza! Verbtabellen

condizionale semplice	condizionale composto
muoverei	avrei mosso
muoveresti	avresti mosso
muoverebbe	avrebbe mosso
muoveremmo	avremmo mosso
muovereste	avreste mosso
muoverebbero	avrebbero mosso

congiuntivo presente	congiuntivo passato
muova	abbia mosso
muova	abbia mosso
muova	abbia mosso
muoviamo	abbiamo mosso
muoviate	abbiate mosso
muovano	abbiano mosso

congiuntivo imperfetto	congiuntivo trapassato
muovessi	avessi mosso
muovessi	avessi mosso
muovesse	avesse mosso
muovessimo	avessimo mosso
muoveste	aveste mosso
muovessero	avessero mosso

imperativo affermativo	imperativo negativo
muovi	non muovere
muova	non muova
muoviamo	non muoviamo
muovete	non muovete
muovano	non muovano

participio presente	participio passato
muovente	mosso

gerundio	
muovendo	

46 nascere

unregelmäßiges Verb im passato remoto und participio passato

presente	passato prossimo
nasco	sono nato/a
nasci	sei nato/a
nasce	è nato/a
nasciamo	siamo nati/e
nascete	siete nati/e
nascono	sono nati/e

imperfetto	trapassato prossimo
nascevo	ero nato/a
nascevi	eri nato/a
nasceva	era nato/a
nascevamo	eravamo nati/e
nascevate	eravate nati/e
nascevano	erano nati/e

passato remoto	trapassato remoto
nacqui	fui nato/a
nascesti	fosti nato/a
nacque	fu nato/a
nascemmo	fummo nati/e
nasceste	foste nati/e
nacquero	furono nati/e

futuro semplice	futuro anteriore
nascerò	sarò nato/a
nascerai	sarai nato/a
nascerà	sarà nato/a
nasceremo	saremo nati/e
nascerete	sarete nati/e
nasceranno	saranno nati/e

condizionale semplice	condizionale composto
nascerei	sarei nato/a
nasceresti	saresti nato/a
nascerebbe	sarebbe nato/a
nasceremmo	saremmo nati/e
nascereste	sareste nati/e
nascerebbero	sarebbero nati/e

congiuntivo presente	congiuntivo passato
nasca	sia nato/a
nasca	sia nato/a
nasca	sia nato/a
nasciamo	siamo nati/e
nasciate	siate nati/e
nascano	siano nati/e

congiuntivo imperfetto	congiuntivo trapassato
nascessi	fossi nato/a
nascessi	fossi nato/a
nascessi	fosse nato/a
nascessimo	fossimo nati/e
nasceste	foste nati/e
nascessero	fossero nati/e

imperativo affermativo	imperativo negativo
nasci	non nascere
nasca	non nasca
nasciamo	non nasciamo
nascete	non nascete
nascano	non nascano

participio presente	participio passato
nascente	nato

gerundio	
nascendo	

47	perdere
unregelmäßiges Verb im passato remoto und participio passato	
presente	**passato prossimo**
perdo	ho perso
perdi	hai perso
perde	ha perso
perdiamo	abbiamo perso
perdete	avete perso
perdono	hanno perso

imperfetto	**trapassato prossimo**
perdevo	avevo perso
perdevi	avevi perso
perdeva	aveva perso
perdevamo	avevamo perso
perdevate	avevate perso
perdevano	avevano perso

passato remoto	**trapassato remoto**
persi/perdei/perdetti	ebbi perso
perdesti	avesti perso
perse/perdé/perdette	ebbe perso
perdemmo	avemmo perso
perdeste	aveste perso
persero/perderono/perdettero	ebbero perso

futuro semplice	**futuro anteriore**
perderò	avrò perso
perderai	avrai perso
perderà	avrà perso
perderemo	avremo perso
perderete	avrete perso
perderanno	avranno perso

condizionale semplice	condizionale composto
perderei	avrei perso
perderesti	avresti perso
perderebbe	avrebbe perso
perderemmo	avremmo perso
perdereste	avreste perso
perderebbero	avrebbero perso

congiuntivo presente	congiuntivo passato
perda	abbia perso
perda	abbia perso
perda	abbia perso
perdiamo	abbiamo perso
perdiate	abbiate perso
perdano	abbiano perso

congiuntivo imperfetto	congiuntivo trapassato
perdessi	avessi perso
perdessi	avessi perso
perdessi	avesse perso
perdessimo	avessimo perso
perdeste	aveste perso
perdessero	avessero perso

imperativo affermativo	imperativo negativo
perdi	non perdere
perda	non perda
perdiamo	non perdiamo
perdete	non perdete
perdano	non perdano

participio presente	participio passato
perdente	perso

gerundio	
perdendo	

48 porgere

unregelmäßiges Verb im passato remoto und participio passato

presente	passato prossimo
porgo	ho porto
porgi	hai porto
porge	ha porto
porgiamo	abbiamo porto
porgete	avete porto
porgono	hanno porto

imperfetto	trapassato prossimo
porgevo	avevo porto
porgevi	avevi porto
porgeva	aveva porto
porgevamo	avevamo porto
porgevate	avevate porto
porgevano	avevano porto

passato remoto	trapassato remoto
porsi	ebbi porto
porgesti	avesti porto
porse	ebbe porto
porgemmo	avemmo porto
porgeste	aveste porto
porsero	ebbero porto

futuro semplice	futuro anteriore
porgerò	avrò porto
porgerai	avrai porto
porgerà	avrà porto
porgeremo	avremo porto
porgerete	avrete porto
porgeranno	avranno porto

© Forza! Verbtabellen

condizionale semplice	condizionale composto
porgerei	avrei porto
porgeresti	avresti porto
porgerebbe	avrebbe porto
porgeremmo	avremmo porto
porgereste	aveste porto
porgerebbero	avrebbero porto

congiuntivo presente	congiuntivo passato
porga	abbia porto
porga	abbia porto
porga	abbia porto
porgiamo	abbiamo porto
porgiate	abbiate porto
porgano	abbiano porto

congiuntivo imperfetto	congiuntivo trapassato
porgessi	avessi porto
porgessi	avessi porto
porgesse	avesse porto
porgessimo	avessimo porto
porgeste	aveste porto
porgessero	avessero porto

imperativo affermativo	imperativo negativo
porgi	non porgere
porga	non porga
porgiamo	non porgiamo
porgete	non porgete
porgano	non porgano

participio presente	participio passato
porgente	porto

gerundio	
porgendo	

49 prendere

presente	passato prossimo
prendo	ho preso
prendi	hai preso
prende	ha preso
prendiamo	abbiamo preso
prendete	avete preso
prendono	hanno preso

imperfetto	trapassato prossimo
prendevo	avevo preso
prendevi	avevi preso
prendeva	aveva preso
prendevamo	avevamo preso
prendevate	avevate preso
prendevano	avevano preso

passato remoto	trapassato remoto
presi	ebbi preso
prendesti	avesti preso
prese	ebbe preso
prendemmo	avemmo preso
prendeste	aveste preso
presero	ebbero preso

futuro semplice	futuro anteriore
prenderò	avrò preso
prenderai	avrai preso
prenderà	avrà preso
prenderemo	avremo preso
prenderete	avrete preso
prenderanno	avranno preso

condizionale semplice	condizionale composto
prenderei	avrei preso
prenderesti	avresti preso
prenderebbe	avrebbe preso
prenderemmo	avremmo preso
prendereste	avreste preso
prenderebbero	avrebbero preso

congiuntivo presente	congiuntivo passato
prenda	abbia preso
prenda	abbia preso
prenda	abbia preso
prendiamo	abbiamo preso
prendiate	abbiate preso
prendano	abbiano preso

congiuntivo imperfetto	congiuntivo trapassato
prendessi	avessi preso
prendessi	avessi preso
prendesse	avesse preso
prendessimo	avessimo preso
prendeste	aveste preso
prendessero	avessero preso

imperativo affermativo	imperativo negativo
prendi	non prendere
prenda	non prenda
prendiamo	non prendiamo
prendete	non prendete
prendano	non prendano

participio presente	participio passato
prendente	preso

gerundio	
prendendo	

50 redigere

unregelmäßiges Verb im passato remoto und participio passato

presente	passato prossimo
redigo	ho redatto
redigi	hai redatto
redige	ha redatto
redigiamo	abbiamo redatto
redigete	avete redatto
redigono	hanno redatto

imperfetto	trapassato prossimo
redigevo	avevo redatto
redigevi	avevi redatto
redigeva	aveva redatto
redigevamo	avevamo redatto
redigevate	avevate redatto
redigevano	avevano redatto

passato remoto	trapassato remoto
redassi	ebbi redatto
redigesti	avesti redatto
redasse	ebbe redatto
redigemmo	avemmo redatto
redigeste	aveste redatto
redassero	ebbero redatto

futuro semplice	futuro anteriore
redigerò	avrò redatto
redigerai	avrai redatto
redigerà	avrà redatto
redigeremo	avremo redatto
redigerete	avrete redatto
redigeranno	avranno redatto

condizionale semplice	condizionale composto
redigerei	avrei redatto
redigeresti	avresti redatto
redigerebbe	avrebbe redatto
redigeremmo	avremmo redatto
redigereste	avreste redatto
redigerebbero	avrebbero redatto

congiuntivo presente	congiuntivo passato
rediga	abbia redatto
rediga	abbia redatto
rediga	abbia redatto
redigiamo	abbiamo redatto
redigiate	abbiate redatto
redigano	abbiano redatto

congiuntivo imperfetto	congiuntivo trapassato
redigessi	avessi redatto
redigessi	avessi redatto
redigesse	avesse redatto
redigessimo	avessimo redatto
redigeste	aveste redatto
redigessero	avessero redatto

imperativo affermativo	imperativo negativo
redigi	non redigere
rediga	non rediga
redigiamo	non redigiamo
redigete	non redigete
redigano	non redigano

participio presente	participio passato
redigente	redatto

gerundio	
redigendo	

51 redimere

unregelmäßiges Verb im passato remoto und participio passato

presente	passato prossimo
redimo	ho redento
redimi	hai redento
redime	ha redento
redimiamo	abbiamo redento
redimete	avete redento
redimono	hanno redento

imperfetto	trapassato prossimo
redimevo	avevo redento
redimevi	avevi redento
redimeva	aveva redento
redimevamo	avevamo redento
redimevate	avevate redento
redimevano	avevano redento

passato remoto	trapassato remoto
redensi	ebbi redento
redimesti	avesti redento
redense	ebbe redento
redimemmo	avemmo redento
redimeste	aveste redento
redensero	ebbero redento

futuro semplice	futuro anteriore
redimerò	avrò redento
redimerai	avrai redento
redimerà	avrà redento
redimeremo	avremo redento
redimerete	avrete redento
redimeranno	avranno redento

condizionale semplice	condizionale composto
redimerei	avrei redento
redimeresti	avresti redento
redimerebbe	avrebbe redento
redimeremmo	avremmo redento
redimereste	avreste redento
redimerebbero	avrebbero redento

congiuntivo presente	congiuntivo passato
redima	abbia redento
redima	abbia redento
redima	abbia redento
redimiamo	abbiamo redento
redimiate	abbiate redento
redimano	abbiano redento

congiuntivo imperfetto	congiuntivo trapassato
redimessi	avessi redento
redimessi	avessi redento
redimesse	avesse redento
redimessimo	avessimo redento
redimeste	aveste redento
redimessero	avessero redento

imperativo affermativo	imperativo negativo
redimi	non redimere
redima	non redima
redimiamo	non redimiamo
redimete	non redimete
redimano	non redimano

participio presente	participio passato
redimente	redento

gerundio	
redimendo	

52	rispondere
unregelmäßiges Verb im passato remoto und participio passato	

presente	passato prossimo
rispondo	ho risposto
rispondi	hai risposto
risponde	ha risposto
rispondiamo	abbiamo risposto
rispondete	avete risposto
rispondono	hanno risposto

imperfetto	trapassato prossimo
rispondevo	avevo risposto
rispondevi	avevi risposto
rispondeva	aveva risposto
rispondevamo	avevamo risposto
rispondevate	avevate risposto
rispondevano	avevano risposto

passato remoto	trapassato remoto
risposi	ebbi risposto
rispondesti	avesti risposto
rispose	ebbe risposto
rispondemmo	avemmo risposto
rispondeste	aveste risposto
risposero	ebbero risposto

futuro semplice	futuro anteriore
risponderò	avrò risposto
risponderai	avrai risposto
risponderà	avrà risposto
risponderemo	avremo risposto
risponderete	avrete risposto
risponderanno	avranno risposto

© Forza! Verbtabellen

condizionale semplice	condizionale composto
risponderei	avrei risposto
risponderesti	avresti risposto
risponderebbe	avrebbe risposto
risponderemmo	avremmo risposto
rispondereste	avreste risposto
risponderebbero	avrebbero risposto

congiuntivo presente	congiuntivo passato
risponda	ebbi risposto
risponda	avesti risposto
risponda	ebbe risposto
rispondiamo	avemmo risposto
rispondiate	aveste risposto
rispondano	ebbero risposto

congiuntivo imperfetto	congiuntivo trapassato
rispondessi	avessi risposto
rispondessi	avessi risposto
rispondesse	avesse risposto
rispondessimo	avessimo risposto
rispondeste	aveste risposto
rispondessero	avessero risposto

imperativo affermativo	imperativo negativo
rispondi	non rispondere
risponda	non risponda
rispondiamo	non rispondiamo
rispondete	non rispondete
rispondano	non rispondano

participio presente	participio passato
rispondente	risposto

gerundio	
rispondendo	

53 rompere

unregelmäßiges Verb im passato remoto und participio passato

presente	passato prossimo
rompo	ho rotto
rompi	hai rotto
rompe	ha rotto
rompiamo	abbiamo rotto
rompete	avete rotto
rompono	hanno rotto

imperfetto	trapassato prossimo
rompevo	avevo rotto
rompevi	avevi rotto
rompeva	aveva rotto
rompevamo	avevamo rotto
rompevate	avevate rotto
rompevano	avevano rotto

passato remoto	trapassato remoto
ruppi	ebbi rotto
rompesti	avesti rotto
ruppe	ebbe rotto
rompemmo	avemmo rotto
rompeste	aveste rotto
ruppero	ebbero rotto

futuro semplice	futuro anteriore
romperò	avrò rotto
romperai	avrai rotto
romperà	avrà rotto
romperemo	avremo rotto
romperete	avrete rotto
romperanno	avranno rotto

condizionale semplice	condizionale composto
romperei	avrei rotto
romperesti	avresti rotto
romperebbe	avrebbe rotto
romperemmo	avremmo rotto
rompereste	avreste rotto
romperebbero	avrebbero rotto

congiuntivo presente	congiuntivo passato
rompa	ebbi rotto
rompa	avesti rotto
rompa	ebbe rotto
rompiamo	avemmo rotto
rompiate	aveste rotto
rompano	ebbero rotto

congiuntivo imperfetto	congiuntivo trapassato
rompessi	avessi rotto
rompessi	avessi rotto
rompesse	avesse rotto
rompessimo	avessimo rotto
rompeste	aveste rotto
rompessero	avessero rotto

imperativo affermativo	imperativo negativo
rompi	non rompere
rompa	non rompa
rompiamo	non rompiamo
rompete	non rompete
rompano	non rompano

participio presente	participio passato
rompente	rotto

gerundio	
rompendo	

54 scindere

unregelmäßiges Verb im passato remoto und participio passato

presente	passato prossimo
scindo	ho scisso
scindi	hai scisso
scinde	ha scisso
scindiamo	abbiamo scisso
scindete	avete scisso
scindono	hanno scisso

imperfetto	trapassato prossimo
scindevo	avevo scisso
scindevi	avevi scisso
scindeva	aveva scisso
scindevamo	avevamo scisso
scindevate	avevate scisso
scindevano	avevano scisso

passato remoto	trapassato remoto
scissi	ebbi scisso
scindesti	avesti scisso
scisse	ebbe scisso
scindemmo	avemmo scisso
scindeste	aveste scisso
scissero	ebbero scisso

futuro semplice	futuro anteriore
scinderò	avrò scisso
scinderai	avrai scisso
scinderà	avrà scisso
scinderemo	avremo scisso
scinderete	avrete scisso
scinderanno	avranno scisso

© Forza! Verbtabellen

condizionale semplice	condizionale composto
scinderei	avrei scisso
scinderesti	avresti scisso
scinderebbe	avrebbe scisso
scinderemmo	avremmo scisso
scindereste	avreste scisso
scinderebbero	avrebbero scisso

congiuntivo presente	congiuntivo passato
scinda	abbia scisso
scinda	abbia scisso
scinda	abbia scisso
scindiamo	abbiamo scisso
scindiate	abbiate scisso
scindano	abbiano scisso

congiuntivo imperfetto	congiuntivo trapassato
scindessi	avessi scisso
scindessi	avessi scisso
scindesse	avesse scisso
scindessimo	avessimo scisso
scindeste	aveste scisso
scindessero	avessero scisso

imperativo affermativo	imperativo negativo
scindi	non scindere
scinda	non scinda
scindiamo	non scindiamo
scindete	non scindete
scindano	non scindano

participio presente	participio passato
scindente	scisso

gerundio	
scindendo	

55 scrivere

unregelmäßiges Verb im passato remoto und participio passato

presente	passato prossimo
scrivo	ho scritto
scrivi	hai scritto
scrive	ha scritto
scriviamo	abbiamo scritto
scrivete	avete scritto
scrivono	hanno scritto

imperfetto	trapassato prossimo
scrivevo	avevo scritto
scrivevi	avevi scritto
scriveva	aveva scritto
scrivevamo	avevamo scritto
scrivevate	avevate scritto
scrivevano	avevano scritto

passato remoto	trapassato remoto
scrissi	ebbi scritto
scrivesti	avesti scritto
scrisse	ebbe scritto
scrivemmo	avemmo scritto
scriveste	aveste scritto
scrissero	ebbero scritto

futuro semplice	futuro anteriore
scriverò	avrò scritto
scriverai	avrai scritto
scriverà	avrà scritto
scriveremo	avremo scritto
scriverete	avrete scritto
scriveranno	avranno scritto

condizionale semplice	condizionale composto
scriverei	avrei scritto
scriveresti	avresti scritto
scriverebbe	avrebbe scritto
scriveremmo	avremmo scritto
scrivereste	avreste scritto
scriverebbero	avrebbero scritto

congiuntivo presente	congiuntivo passato
scriva	abbia scritto
scriva	abbia scritto
scriva	abbia scritto
scriviamo	abbiamo scritto
scriviate	abbiate scritto
scrivano	abbiano scritto

congiuntivo imperfetto	congiuntivo trapassato
scrivessi	avessi scritto
scrivessi	avessi scritto
scrivesse	avesse scritto
scrivessimo	avessimo scritto
scriveste	aveste scritto
scrivessero	avessero scritto

imperativo affermativo	imperativo negativo
scrivi	non scrivere
scriva	non scriva
scriviamo	non scriviamo
scrivete	non scrivete
scrivano	non scrivano

participio presente	participio passato
scrivente	scritto

gerundio	
scrivendo	

© Forza! Verbtabellen

56 scuotere

unregelmäßiges Verb im passato remoto und participio passato

presente	passato prossimo
scuoto	ho scosso
scuoti	hai scosso
scuote	ha scosso
scuotiamo	abbiamo scosso
scuotete	avete scosso
scuotono	hanno scosso

imperfetto	trapassato prossimo
scuotevo	avevo scosso
scuotevi	avevi scosso
scuoteva	aveva scosso
scuotevamo	avevamo scosso
scuotevate	avevate scosso
scuotevano	avevano scosso

passato remoto	trapassato remoto
scossi	ebbi scosso
scuotesti	avesti scosso
scosse	ebbe scosso
scuotessimo	avemmo scosso
scuoteste	aveste scosso
scossero	ebbero scosso

futuro semplice	futuro anteriore
scuoterò	avrò scosso
scuoterai	avrai scosso
scuoterà	avrà scosso
scuoteremo	avremo scosso
scuoterete	avrete scosso
scuoteranno	avranno scosso

© Forza! Verbtabellen

condizionale semplice	condizionale composto
scuoterei	avrei scosso
scuoteresti	avresti scosso
scuoterebbe	avrebbe scosso
scuoteremmo	avremmo scosso
scuotereste	avreste scosso
scuoterebbero	avrebbero scosso

congiuntivo presente	congiuntivo passato
scuota	abbia scosso
scuota	abbia scosso
scuota	abbia scosso
scuotiamo	abbiamo scosso
scuotiate	abbiate scosso
scuotano	abbiano scosso

congiuntivo imperfetto	congiuntivo trapassato
scuotessi	avessi scosso
scuotessi	avessi scosso
scuotesse	avesse scosso
scuotessimo	avessimo scosso
scuoteste	aveste scosso
scuotessero	avessero scosso

imperativo affermativo	imperativo negativo
scuoti	non scuotere
scuota	non scuota
scuotiamo	non scuotiamo
scuotete	non scuotete
scuotano	non scuotano

participio presente	participio passato
scuotente	scosso

gerundio	
scuotendo	

© Forza! Verbtabellen

57 stringere

unregelmäßiges Verb im passato remoto und participio passato

presente	passato prossimo
stringo	ho stretto
stringi	hai stretto
stringe	ha stretto
stringiamo	abbiamo stretto
stringete	avete stretto
stringono	hanno stretto

imperfetto	trapassato prossimo
stringevo	avevo stretto
stringevi	avevi stretto
stringeva	aveva stretto
stringevamo	avevamo stretto
stringevate	avevate stretto
stringevano	avevano stretto

passato remoto	trapassato remoto
strinsi	ebbi stretto
stringesti	avesti stretto
strinse	ebbe stretto
stringemmo	avemmo stretto
stringeste	aveste stretto
strinsero	ebbero stretto

futuro semplice	futuro anteriore
stringerò	avrò stretto
stringerai	avrai stretto
stringerà	avrà stretto
stringeremo	avremo stretto
stringerete	avrete stretto
stringeranno	avranno stretto

© Forza! Verbtabellen

condizionale semplice	condizionale composto
stringerei	avrei stretto
stringeresti	avresti stretto
stringerebbe	avrebbe stretto
stringeremmo	avremmo stretto
stringereste	avreste stretto
stringerebbero	avrebbero stretto

congiuntivo presente	congiuntivo passato
stringa	abbia stretto
stringa	abbia stretto
stringa	abbia stretto
stringiamo	abbiamo stretto
stringiate	abbiate stretto
stringano	abbiano stretto

congiuntivo imperfetto	congiuntivo trapassato
stringessi	avessi stretto
stringessi	avessi stretto
stringesse	avesse stretto
stringessimo	avessimo stretto
stringeste	aveste stretto
stringessero	avessero stretto

imperativo affermativo	imperativo negativo
stringi	non stringere
stringa	non stringa
stringiamo	non stringiamo
stringete	non stringete
stringano	non stringano

participio presente	participio passato
stringente	stretto

gerundio	
stringendo	

58 vincere

unregelmäßiges Verb im passato remoto und participio passato

presente	passato prossimo
vinco	ho vinto
vinci	hai vinto
vince	ha vinto
vinciamo	abbiamo vinto
vincete	avete vinto
vincono	hanno vinto

imperfetto	trapassato prossimo
vincevo	avevo vinto
vincevi	avevi vinto
vinceva	aveva vinto
vincevamo	avevamo vinto
vincevate	avevate vinto
vincevano	avevano vinto

passato remoto	trapassato remoto
vinsi	ebbi vinto
vincesti	avesti vinto
vinse	ebbe vinto
vincemmo	avemmo vinto
vinceste	aveste vinto
vinsero	ebbero vinto

futuro semplice	futuro anteriore
vincerò	avrò vinto
vincerai	avrai vinto
vincerà	avrà vinto
vinceremo	avremo vinto
vincerete	avrete vinto
vinceranno	avranno vinto

condizionale semplice	condizionale composto
vincerei	avrei vinto
vinceresti	avresti vinto
vincerebbe	avrebbe vinto
vinceremmo	avremmo vinto
vincereste	avreste vinto
vincerebbero	avrebbero vinto

congiuntivo presente	congiuntivo passato
vinca	abbia vinto
vinca	abbia vinto
vinca	abbia vinto
vinciamo	abbiamo vinto
vinciate	abbiate vinto
vincano	abbiano vinto

congiuntivo imperfetto	congiuntivo trapassato
vincessi	avessi vinto
vincessi	avessi vinto
vincesse	avesse vinto
vincessimo	avessimo vinto
vinceste	aveste vinto
vincessero	avessero vinto

imperativo affermativo	imperativo negativo
vinci	non vincere
vinca	non vinca
vinciamo	non vinciamo
vincete	non vincete
vincano	non vincano

participio presente	participio passato
vincente	vinto

gerundio	
vincendo	

59 volgere	
unregelmäßiges Verb im passato remoto und participio passato	
presente	**passato prossimo**
volgo	ho volto
volgi	hai volto
volge	ha volto
volgiamo	abbiamo volto
volgete	avete volto
volgono	hanno volto

imperfetto	**trapassato prossimo**
volgevo	avevo volto
volgevi	avevi volto
volgeva	aveva volto
volgevamo	avevamo volto
volgevate	avevate volto
volgevano	avevano volto

passato remoto	**trapassato remoto**
volsi	ebbi volto
volgesti	avesti volto
volse	ebbe volto
volgemmo	avemmo volto
volgeste	aveste volto
volsero	ebbero volto

futuro semplice	**futuro anteriore**
volgerò	avrò volto
volgerai	avrai volto
volgerà	avrà volto
volgeremo	avremo volto
volgerete	avrete volto
volgeranno	avranno volto

condizionale semplice	condizionale composto
volgerei	avrei volto
volgeresti	avresti volto
volgerebbe	avrebbe volto
volgeremmo	avremmo volto
volgereste	avreste volto
volgerebbero	avrebbero volto

congiuntivo presente	congiuntivo passato
volga	abbia volto
volga	abbia volto
volga	abbia volto
volgiamo	abbiamo volto
volgiate	abbiate volto
volgano	abbiano volto

congiuntivo imperfetto	congiuntivo trapassato
volgessi	avessi volto
volgessi	avessi volto
volgesse	avesse volto
volgessimo	avessimo volto
volgeste	aveste volto
volgessero	avessero volto

imperativo affermativo	imperativo negativo
volgi	non volgere
volga	non volga
volgiamo	non volgiamo
volgete	non volgete
volgano	non volgano

participio presente	participio passato
volgente	volto

gerundio	
volgendo	

60 aprire

unregelmäßiges Verb im passato remoto und participio passato

presente	passato prossimo
apro	ho aperto
apri	hai aperto
apre	ha aperto
apriamo	abbiamo aperto
aprite	avete aperto
aprono	hanno aperto

imperfetto	trapassato prossimo
aprivo	avevo aperto
aprivi	avevi aperto
apriva	aveva aperto
aprivamo	avevamo aperto
aprivate	avevate aperto
aprivano	avevano aperto

passato remoto	trapassato remoto
aprii/apersi	ebbi aperto
apristi	avesti aperto
aprì/aperse	ebbe aperto
aprimmo	avemmo aperto
apriste	aveste aperto
aprirono/apersero	ebbero aperto

futuro semplice	futuro anteriore
aprirò	avrò aperto
aprirai	avrai aperto
aprirà	avrà aperto
apriremo	avremo aperto
aprirete	avrete aperto
apriranno	avranno aperto

condizionale semplice	condizionale composto
aprirei	avrei aperto
apriresti	avresti aperto
aprirebbe	avrebbe aperto
apriremmo	avremmo aperto
aprireste	avreste aperto
aprirebbero	avrebbero aperto

congiuntivo presente	congiuntivo passato
apra	abbia aperto
apra	abbia aperto
apra	abbia aperto
apriamo	abbiamo aperto
apriate	abbiate aperto
aprano	abbiano aperto

congiuntivo imperfetto	congiuntivo trapassato
aprissi	avessi aperto
aprissi	avessi aperto
aprisse	avesse aperto
aprissimo	avessimo aperto
apriste	aveste aperto
aprissero	avessero aperto

imperativo affermativo	imperativo negativo
apri	non aprire
apra	non apra
apriamo	non apriamo
aprite	non aprite
aprano	non aprano

participio presente	participio passato
aprente	aperto

gerundio	
aprendo	

61 inferire

unregelmäßiges Verb im passato remoto und participio passato;
Stammerweiterung -isc-

presente	passato prossimo
inferisco	ho inferto
inferisci	hai inferto
inferisce	ha inferto
inferiamo	abbiamo inferto
inferite	avete inferto
inferiscono	hanno inferto

imperfetto	trapassato prossimo
inferivo	avevo inferto
inferivi	avevi inferto
inferiva	aveva inferto
inferivamo	avevamo inferto
inferivate	avevate inferto
inferivano	avevano inferto

passato remoto	trapassato remoto
infersi	ebbi inferto
inferisti	avesti inferto
inferse	ebbe inferto
inferimmo	avemmo inferto
inferiste	aveste inferto
infersero	ebbero inferto

futuro semplice	futuro anteriore
inferirò	avrò inferto
inferirai	avrai inferto
inferirà	avrà inferto
inferiremo	avremo inferto
inferirete	avrete inferto
inferiranno	avranno inferto

condizionale semplice	condizionale composto
inferirei	avrei inferto
inferiresti	avresti inferto
inferirebbe	avrebbe inferto
inferiremmo	avremmo inferto
inferireste	avreste inferto
inferirebbero	avrebbero inferto

congiuntivo presente	congiuntivo passato
inferisca	abbia inferto
inferisca	abbia inferto
inferisca	abbia inferto
inferiamo	abbiamo inferto
inferiate	abbiate inferto
inferiscano	abbiano inferto

congiuntivo imperfetto	congiuntivo trapassato
inferissi	avessi inferto
inferissi	avessi inferto
inferisse	avesse inferto
inferissimo	avessimo inferto
inferiste	avreste inferto
inferissero	avessero inferto

imperativo affermativo	imperativo negativo
inferisci	non inferire
inferisca	non inferisca
inferiamo	non inferiamo
inferite	non inferite
inferiscano	non inferiscano

participio presente	participio passato
inferente	inferto

gerundio	
inferendo	

Unregelmäßige Verben

62 andare

presente	passato prossimo
vado	sono andato/a
vai	sei andato/a
va	è andato/a
andiamo	siamo andati/e
andate	siete andati/e
vanno	sono andato/e

imperfetto	trapassato prossimo
andavo	ero andato/a
andavi	eri andato/a
andava	era andato/a
andavamo	eravamo andati/e
andavate	eravate andati/e
andavano	erano andati/e

passato remoto	trapassato remoto
andai	fui andato/a
andasti	fosti andato/a
andò	fu andato/a
andammo	fummo andati/e
andaste	foste andati/e
andarono	furono andati/e

futuro semplice	futuro anteriore
andrò	sarò andato/a
andrai	sarai andato/a
andrà	sarà andato/a
andremo	saremo andati/e
andrete	sarete andati/e
andranno	saranno andati/e

condizionale semplice	condizionale composto
andrei	sarei andato/a
andresti	saresti andato/a
andrebbe	sarebbe andato/a
andremmo	saremmo andati/e
andreste	sareste andati/e
andrebbero	sarebbero andati/e

congiuntivo presente	congiuntivo passato
vada	sia andato/a
vada	sia andato/a
vada	sia andato/a
andiamo	siamo andati/e
andiate	siate andati/e
vadano	siano andati/e

congiuntivo imperfetto	congiuntivo trapassato
andassi	fossi andato/a
andassi	fossi andato/a
andasse	fosse andato/a
andassimo	fossimo andati/e
andaste	foste andati/e
andassero	fossero andati/e

imperativo affermativo	imperativo negativo
va'/vai	non andare
vada	non vada
andiamo	non andiamo
andate	non andate
vadano	non vadano

participio presente	participio passato
andante	andato

gerundio	
andando	

63 apparire

presente	passato prossimo
appaio/apparisco	sono apparso/a
appari/apparisci	sei apparso/a
appare/apparisce	è apparso/a
appariamo	siamo apparsi/e
apparite	siete apparsi/e
appaiono/appariscono	sono apparsi/e

imperfetto	trapassato prossimo
apparivo	ero apparso/a
apparivi	eri apparso/a
appariva	era apparso/a
apparivamo	eravamo apparsi/e
apparivate	eravate apparsi/e
apparivano	erano apparsi/e

passato remoto	trapassato remoto
apparvi	fui apparso/a
apparisti	fosti apparso/a
apparve	fu apparso/a
apparimmo	fummo apparsi/e
appariste	foste apparsi/e
apparvero	furono apparsi/e

futuro semplice	futuro anteriore
apparirò	sarò apparso/a
apparirai	sarai apparso/a
apparirà	sarà apparso/a
appariremo	saremo apparse/i
apparirete	sarete apparse/i
appariranno	saranno apparse/i

condizionale semplice	condizionale composto
apparirei	sarei apparso/a
appariresti	saresti apparso/a
apparirebbe	sarebbe apparso/a
appariremmo	saremmo apparsi/e
apparireste	sareste apparsi/e
apparirebbero	sarebbero apparsi/e

congiuntivo presente	congiuntivo passato
appaia/apparisca	sia apparso/a
appaia/apparisca	sia apparso/a
appaia/apparisca	sia apparso/a
appariamo	siamo apparsi/e
appariate	siate apparsi/e
appaiano/appariscano	siano apparsi/e

congiuntivo imperfetto	congiuntivo trapassato
apparissi	fossi apparso/a
apparissi	fossi apparso/a
apparisse	fosse apparso/a
apparissimo	fossimo apparsi/e
appariste	foste apparsi/e
apparissero	fossero apparsi/e

imperativo affermativo	imperativo negativo
appari/apparisci	non apparire
appaia/apparisca	non appaia/apparisca
appariamo	non appariamo
apparite	non apparite
appaiano/appariscano	non appaiano/appariscano

participio presente	participio passato
apparente	apparso

gerundio	
apparendo	

© Forza! Verbtabellen

64 avere

presente	passato prossimo
ho	ho avuto
hai	hai avuto
ha	ha avuto
abbiamo	abbiamo avuto
avete	avete avuto
hanno	hanno avuto

imperfetto	trapassato prossimo
avevo	avevo avuto
avevi	avevi avuto
aveva	aveva avuto
avevamo	avevamo avuto
avevate	avevate avuto
avevano	avevano avuto

passato remoto	trapassato remoto
ebbi	ebbi avuto
avesti	avesti avuto
ebbe	ebbe avuto
avemmo	avemmo avuto
aveste	aveste avuto
ebbero	ebbero avuto

futuro semplice	futuro anteriore
avrò	avrò avuto
avrai	avrai avuto
avrà	avrà avuto
avremo	avremo avuto
avrete	avrete avuto
avranno	avranno avuto

condizionale semplice	condizionale composto
avrei	avrei avuto
avresti	avresti avuto
avrebbe	avrebbe avuto
avremmo	avremmo avuto
avreste	avreste avuto
avrebbero	avrebbero avuto

congiuntivo presente	congiuntivo passato
abbia	abbia avuto
abbia	abbia avuto
abbia	abbia avuto
abbiamo	abbiamo avuto
abbiate	abbiate avuto
abbiano	abbiano avuto

congiuntivo imperfetto	congiuntivo trapassato
avessi	avessi avuto
avessi	avessi avuto
avesse	avesse avuto
avessimo	avessimo avuto
aveste	aveste avuto
avessero	avessero avuto

imperativo affermativo	imperativo negativo
abbi	non avere
abbia	non abbia
abbiamo	non abbiamo
abbiate	non abbiate
abbiano	non abbiano

participio presente	participio passato
avente	avuto

gerundio	
avendo	

© Forza! Verbtabellen

65 bere

presente	passato prossimo
bevo	ho bevuto
bevi	hai bevuto
beve	ha bevuto
beviamo	abbiamo bevuto
bevete	avete bevuto
bevono	hanno bevuto

imperfetto	trapassato prossimo
bevevo	avevo bevuto
bevevi	avevi bevuto
beveva	aveva bevuto
bevevamo	avevamo bevuto
bevevate	avevate bevuto
bevevano	avevano bevuto

passato remoto	trapassato remoto
bevvi/bevetti	ebbi bevuto
bevesti	avesti bevuto
bevve/bevette	ebbe bevuto
bevemmo	avemmo bevuto
beveste	aveste bevuto
bevvero/bevettero	ebbero bevuto

futuro semplice	futuro anteriore
berrò	avrò bevuto
berrai	avrai bevuto
berrà	avrà bevuto
berremo	avremo bevuto
berrete	avrete bevuto
berranno	avranno bevuto

condizionale semplice	condizionale composto
berrei	avrei bevuto
berresti	avresti bevuto
berrebbe	avrebbe bevuto
berremmo	avremmo bevuto
berreste	avreste bevuto
berrebbero	avrebbero bevuto

congiuntivo presente	congiuntivo passato
beva	abbia bevuto
beva	abbia bevuto
beva	abbia bevuto
beviamo	abbiamo bevuto
beviate	abbiate bevuto
bevano	abbiano bevuto

congiuntivo imperfetto	congiuntivo trapassato
bevessi	avessi bevuto
bevessi	avessi bevuto
bevesse	avesse bevuto
bevessimo	avessimo bevuto
beveste	aveste bevuto
bevessero	avessero bevuto

imperativo affermativo	imperativo negativo
bevi	non bere
beva	non beva
beviamo	non beviamo
bevete	non bevete
bevano	non bevano

participio presente	participio passato
bevente	bevuto

gerundio	
bevendo	

66 compiere

presente	passato prossimo
compio	ho compiuto
compi	hai compiuto
compie	ha compiuto
compiamo	abbiamo compiuto
compite	avete compiuto
compiono	hanno compiuto

imperfetto	trapassato prossimo
compivo	avevo compiuto
compivi	avevi compiuto
compiva	aveva compiuto
compivamo	avevamo compiuto
compivate	avevate compiuto
compivano	avevano compiuto

passato remoto	trapassato remoto
compii	ebbe compiuto
compisti	avesti compiuto
compì	ebbe compiuto
compimmo	avemmo compiuto
compiste	aveste compiuto
compirono	ebbero compiuto

futuro semplice	futuro anteriore
compirò	avrò compiuto
compirai	avrai compiuto
compirà	avrà compiuto
compiremo	avremo compiuto
compirete	avrete compiuto
compiranno	avranno compiuto

condizionale semplice	condizionale composto
compirei	avrei compiuto
compiresti	avresti compiuto
compirebbe	avrebbe compiuto
compiremmo	avremmo compiuto
compireste	avreste compiuto
compirebbero	avrebbero compiuto

congiuntivo presente	congiuntivo passato
compia	abbia compiuto
compia	abbia compiuto
compia	abbia compiuto
compiamo	abbiamo compiuto
compiate	abbiate compiuto
compiano	abbiano compiuto

congiuntivo imperfetto	congiuntivo trapassato
compissi	avessi compiuto
compissi	avessi compiuto
compisse	avesse compiuto
compissimo	avessimo compiuto
compiste	aveste compiuto
compissero	avessero compiuto

imperativo affermativo	imperativo negativo
compi	non compiere
compia	non compia
compiamo	non compiamo
compite	non compite
compiano	non compiano

participio presente	participio passato
compiente	compiuto

gerundio	
compiendo	

67 condurre

presente	passato prossimo
conduco	ho condotto
conduci	hai condotto
conduce	ha condotto
conduciamo	abbiamo condotto
conducete	avete condotto
conducono	hanno condotto

imperfetto	trapassato prossimo
conducevo	avevo condotto
conducevi	avevi condotto
conduceva	aveva condotto
conducevamo	avevamo condotto
conducevate	avevate condotto
conducevano	avevano condotto

passato remoto	trapassato remoto
condussi	ebbi condotto
conducesti	avesti condotto
condusse	ebbe condotto
conducemmo	avemmo condotto
conduceste	aveste condotto
condussero	ebbero condotto

futuro semplice	futuro anteriore
condurrò	avrò condotto
condurrai	avrai condotto
condurrà	avrà condotto
condurremo	avremo condotto
condurrete	avrete condotto
condurranno	avranno condotto

condizionale semplice	condizionale composto
condurrei	avrei condotto
condurresti	avresti condotto
condurrebbe	avrebbe condotto
condurremmo	avremmo condotto
condurreste	avreste condotto
condurrebbero	avrebbero condotto

congiuntivo presente	congiuntivo passato
conduca	abbia condotto
conduca	abbia condotto
conduca	abbia condotto
conduciamo	abbiamo condotto
conduciate	abbiate condotto
conducano	abbiano condotto

congiuntivo imperfetto	congiuntivo trapassato
conducessi	avessi condotto
conducessi	avessi condotto
conducesse	avesse condotto
conducessimo	avessimo condotto
conduceste	aveste condotto
conducessero	avessero condotto

imperativo affermativo	imperativo negativo
conduci	non condurre
conduca	non conduca
conduciamo	non conduciamo
conducete	non conducete
conducano	non conducano

participio presente	participio passato
conducente	condotto

gerundio	
conducendo	

68 dare

presente	passato prossimo
do	ho dato
dai	hai dato
dà	ha dato
diamo	abbiamo dato
date	avete dato
danno	hanno dato

imperfetto	trapassato prossimo
davo	avevo dato
davi	avevi dato
dava	aveva dato
davamo	avevamo dato
davate	avevate dato
davano	avevano dato

passato remoto	trapassato remoto
diedi/detti	ebbi dato
deste	avesti dato
diede/dette	ebbe dato
demmo	avemmo dato
deste	aveste dato
diedero/dettero	ebbero dato

futuro semplice	futuro anteriore
darò	avrò dato
darai	avrai dato
darà	avrà dato
daremo	avremo dato
darete	avrete dato
daranno	avranno dato

condizionale semplice	condizionale composto
darei	avrei dato
daresti	avresti dato
darebbe	avrebbe dato
daremmo	avremmo dato
dareste	avreste dato
darebbero	avrebbero dato

congiuntivo presente	congiuntivo passato
dia	abbia dato
dia	abbia dato
dia	abbia dato
diamo	abbiamo dato
diate	abbiate dato
diano	abbiano dato

congiuntivo imperfetto	congiuntivo trapassato
dessi	avessi dato
dessi	avessi dato
desse	avesse dato
dessimo	avessimo dato
deste	aveste dato
dessero	avessero dato

imperativo affermativo	imperativo negativo
da'/da	non dare
dia	non dia
diamo	non diamo
date	non date
diano	non diano

participio presente	participio passato
dante	dato

gerundio	
dando	

69 dire

presente	passato prossimo
dico	ho detto
dici	hai detto
dice	ha detto
diciamo	abbiamo detto
dite	avete detto
dicono	hanno detto

imperfetto	trapassato prossimo
dicevo	avevo detto
dicevi	avevi detto
diceva	aveva detto
dicevamo	avevamo detto
dicevate	avevate detto
dicevano	avevano detto

passato remoto	trapassato remoto
dissi	ebbi detto
dicesti	avesti detto
disse	ebbe detto
dicemmo	avemmo detto
diceste	aveste detto
dissero	ebbero detto

futuro semplice	futuro anteriore
dirò	avrò detto
dirai	avrai detto
dirà	avrà detto
diremo	avremo detto
direte	avrete detto
diranno	avranno detto

condizionale semplice	condizionale composto
direi	avrei detto
diresti	avresti detto
direbbe	avrebbe detto
diremmo	avremmo detto
direste	avreste detto
direbbero	avrebbero detto

congiuntivo presente	congiuntivo passato
dica	abbia detto
dica	abbia detto
dica	abbia detto
diciamo	abbiamo detto
diciate	abbiate detto
dicano	abbiano detto

congiuntivo imperfetto	congiuntivo trapassato
dicessi	avessi detto
dicessi	avessi detto
dicesse	avesse detto
dicessimo	avessimo detto
diceste	aveste detto
dicessero	avessero detto

imperativo affermativo	imperativo negativo
di'	non dire
dica	non dica
diciamo	non diciamo
dite	non dite
dicano	non dicano

participio presente	participio passato
dicente	detto

gerundio	
dicendo	

70 dolere

presente	passato prossimo
dolgo	ho doluto
duoli	hai doluto
duole	ha doluto
dogliamo/doliamo	abbiamo doluto
dolete	avete doluto
dolgono	hanno doluto

imperfetto	trapassato prossimo
dolevo	avevo doluto
dolevi	avevi doluto
doleva	aveva doluto
dolevamo	avevamo doluto
dolevate	avevate doluto
dolevano	avevano doluto

passato remoto	trapassato remoto
dolsi	ebbi doluto
dolesti	avesti doluto
dolse	ebbe doluto
dolemmo	avemmo doluto
doleste	aveste doluto
dolsero	ebbero doluto

futuro semplice	futuro anteriore
dorrò	avrò doluto
dorrai	avrai doluto
dorrà	avrà doluto
dorremo	avremo doluto
dorrete	avrete doluto
dorranno	avranno doluto

condizionale semplice	condizionale composto
dorrei	avrei doluto
dorresti	avresti doluto
dorrebbe	avrebbe doluto
dorremmo	avremmo doluto
dorreste	avreste doluto
dorrebbero	avrebbero doluto

congiuntivo presente	congiuntivo passato
dolga	abbia doluto
dolga	abbia doluto
dolga	abbia doluto
dogliamo/doliamo	abbiamo doluto
dogliate/doliate	abbiate doluto
dolgano	abbiano doluto

congiuntivo imperfetto	congiuntivo trapassato
dolessi	avessi doluto
dolessi	avessi doluto
dolesse	avesse doluto
dolessimo	avessimo doluto
doleste	aveste doluto
dolessero	avessero doluto

imperativo affermativo	imperativo negativo
duoli	non dolere
dolga	non dolga
dogliamo/doliamo	non dogliamo/doliamo
dolete	non dolete
dolgano	non dolgano

participio presente	participio passato
dolente	doluto

gerundio	
dolendo	

71 dovere

presente	passato prossimo
devo	ho dovuto
devi	hai dovuto
deve	ha dovuto
dobbiamo	abbiamo dovuto
dovete	avete dovuto
devono	hanno dovuto

imperfetto	trapassato prossimo
dovevo	avevo detto
dovevi	avevi detto
doveva	aveva detto
dovevamo	avevamo detto
dovevate	avevate detto
dovevano	avevano detto

passato remoto	trapassato remoto
dovetti	ebbi dovuto
dovesti	avesti dovuto
dovette	ebbe dovuto
dovemmo	avemmo dovuto
doveste	aveste dovuto
dovettero	ebbero dovuto

futuro semplice	futuro anteriore
dovrò	avrò dovuto
dovrai	avrai dovuto
dovrà	avrà dovuto
dovremo	avremo dovuto
dovrete	avrete dovuto
dovranno	avranno dovuto

© Forza! Verbtabellen

condizionale semplice	condizionale composto
dovrei	avrei dovuto
dovresti	avresti dovuto
dovrebbe	avrebbe dovuto
dovremmo	avremmo dovuto
dovreste	avreste dovuto
dovrebbero	avrebbero dovuto

congiuntivo presente	congiuntivo passato
deva/debba	ebbi dovuto
deva/debba	avesti dovuto
deva/debba	ebbe dovuto
dobbiamo	avemmo dovuto
dobbiate	aveste dovuto
devano	ebbero dovuto

congiuntivo imperfetto	congiuntivo trapassato
dovessi	avessi dovuto
dovessi	avessi dovuto
dovesse	avesse dovuto
dovessimo	avessimo dovuto
doveste	aveste dovuto
dovessero	avessero dovuto

imperativo affermativo	imperativo negativo
-	-
-	-
-	-
-	-
-	-

participio presente	participio passato
-	dovuto

gerundio	
dovendo	

© Forza! Verbtabellen

72 essere

presente	passato prossimo
sono	sono stato/a
sei	sei stato/a
è	è stato/a
siamo	siamo stati/e
siete	siete stati/e
sono	sono stati/e

imperfetto	trapassato prossimo
ero	ero stato/a
eri	eri stato/a
era	era stato/a
eravamo	eravamo stati/e
eravate	eravate stati/e
erano	erano stati/e

passato remoto	trapassato remoto
fui	fui stato/a
fosti	fosti stato/a
fu	fu stato/a
fummo	fummo stati/e
foste	foste stati/e
furono	furono stati/e

futuro semplice	futuro anteriore
sarò	sarò stato/a
sarai	sarai stato/a
sarà	sarà stato/a
saremo	saremo stati/e
sarete	sarete stati/e
saranno	saranno stati/e

condizionale semplice	condizionale composto
sarei	sarei stato/a
saresti	saresti stato/a
sarebbe	sarebbe stato/a
saremmo	saremmo stati/e
sareste	sareste stati/e
sarebbero	sarebbero stati/e

congiuntivo presente	congiuntivo passato
sia	sia stato/a
sia	sia stato/a
sia	sia stato/a
siamo	siamo stati/e
siate	siate stati/e
siano	siano stati/e

congiuntivo imperfetto	congiuntivo trapassato
fossi	fossi stato/a
fossi	fossi stato/a
fosse	fosse stato/a
fossimo	fossimo stati/e
foste	foste stati/e
fossero	fossero stati/e

imperativo affermativo	imperativo negativo
sii	non essere
sia	non sia
siamo	non siamo
siate	non siate
siano	non siano

participio presente	participio passato
essente	stato

gerundio	
essendo	

73 fare

presente	passato prossimo
faccio	ho fatto
fai	fai fatto
fa	ha fatto
facciamo	abbiamo fatto
fate	avete fatto
fanno	hanno fatto

imperfetto	trapassato prossimo
facevo	avevo fatto
facevi	avevi fatto
faceva	aveva fatto
facevamo	avevamo fatto
facevate	avevate fatto
facevano	avevano fatto

passato remoto	trapassato remoto
feci	ebbi fatto
facesti	avesti fatto
fece	ebbe fatto
facemmo	avemmo fatto
faceste	aveste fatto
fecero	ebbero fatto

futuro semplice	futuro anteriore
farò	avrò fatto
farai	avrai fatto
farà	avrà fatto
faremo	avremo fatto
farete	avrete fatto
faranno	avranno fatto

condizionale semplice	condizionale composto
farei	avrei fatto
faresti	avresti fatto
farebbe	avrebbe fatto
faremmo	avremmo fatto
fareste	avreste fatto
farebbero	avrebbero fatto

congiuntivo presente	congiuntivo passato
faccia	abbia fatto
faccia	abbia fatto
faccia	abbia fatto
facciamo	abbiamo fatto
facciate	abbiate fatto
fanno	abbiano fatto

congiuntivo imperfetto	congiuntivo trapassato
facessi	avessi fatto
facessi	avessi fatto
facesse	avessi fatto
facessimo	avessimo fatto
faceste	aveste fatto
facessero	avessero fatto

imperativo affermativo	imperativo negativo
fa'/fai	non fare
faccia	non faccia
facciamo	non facciamo
fate	non fate
facciano	non facciano

participio presente	participio passato
facente	fatto

gerundio	
facendo	

© Forza! Verbtabellen

74 imbevere

presente	passato prossimo
imbevo	ho imbevuto
imbevi	hai imbevuto
imbeve	ha imbevuto
imbeviamo	abbiamo imbevuto
imbevete	avete imbevuto
imbevono	hanno imbevuto

imperfetto	trapassato prossimo
imbevevo	avevo imbevuto
imbevevi	avevi imbevuto
imbeveva	aveva imbevuto
imbevevamo	avevamo imbevuto
imbevevate	avevate imbevuto
imbevevano	avevano imbevuto

passato remoto	trapassato remoto
imbevvi/imbevetti	ebbi imbevuto
imbevesti	avesti imbevuto
imbevve/imbevette	ebbe imbevuto
imbevemmo	avemmo imbevuto
imbeveste	aveste imbevuto
imbevvero/imbevettero	ebbero imbevuto

futuro semplice	futuro anteriore
imberrò	avrò imbevuto
imberrai	avrai imbevuto
imberrà	avrà imbevuto
imberremo	avremo imbevuto
imberrete	avrete imbevuto
imberranno	avranno imbevuto

condizionale semplice	condizionale composto
imberrei	avrei imbevuto
imberresti	avresti imbevuto
imberrebbe	avrebbe imbevuto
imberremmo	avremmo imbevuto
imberreste	avreste imbevuto
imberrebbero	avrebbero imbevuto

congiuntivo presente	congiuntivo passato
imbeva	abbia imbevuto
imbeva	abbia imbevuto
imbeva	abbia imbevuto
imbeviamo	abbiamo imbevuto
imbeviate	abbiate imbevuto
imbevano	abbiano imbevuto

congiuntivo imperfetto	congiuntivo trapassato
imbevessi	avessi imbevuto
imbevessi	avessi imbevuto
imbevesse	avesse imbevuto
imbevessimo	avessimo imbevuto
imbeveste	aveste imbevuto
imbevessero	avessero imbevuto

imperativo affermativo	imperativo negativo
imbevi	non imbevere
imbeva	non imbeva
imbeviamo	non imbeviamo
imbevete	non imbevete
imbevano	non imbevano

participio presente	participio passato
imbevente	imbevuto

gerundio	
imbevendo	

© Forza! Verbtabellen

75 morire

presente	passato prossimo
muoio	sono morto/a
muori	sei morto/a
muore	è morto/a
moriamo	siamo morti/e
morite	siete morti/e
muoiono	sono morti/e

imperfetto	trapassato prossimo
morivo	ero morto/a
morivi	eri morto/a
moriva	era morto/a
morivamo	eravamo morti/e
morivate	eravate morti/e
morivano	erano morti/e

passato remoto	trapassato remoto
morii	fui morto/a
moristi	fosti morto/a
morì	fu morto/a
morimmo	fummo morti/e
moriste	foste morti/e
morirono	furono morti/e

futuro semplice	futuro anteriore
morirò/morrò	sarò morto/a
morirai/morrai	sarai morto/a
morirà/morrà	sarà morto/a
moriremo/morremo	saremo morti/e
morirete/morrete	sarete morti/e
moriranno/morranno	saranno morti/e

© Forza! Verbtabellen

condizionale semplice	condizionale composto
morrei	sarei morto/a
morresti	saresti morto/a
morrebbe	sarebbe morto/a
morremmo	saremmo morti/e
morreste	sarete morti/e
morrebbero	sarebbero morti/e

congiuntivo presente	congiuntivo passato
muoia	sia morto/a
muoia	sia morto/a
muoia	sia morto/a
moriamo	siamo morti/e
moriate	siate morti/e
muoiano	siano morti/e

congiuntivo imperfetto	congiuntivo trapassato
morissi	fossi morto/a
morissi	fossi morto/a
morisse	fosse morto/a
morissimo	fossimo morti/e
moriste	foste morti/e
morissero	fossero morti/e

imperativo affermativo	imperativo negativo
muori	non morire
muoia	non muoia
moriamo	non moriamo
morite	non morite
muoiano	non muoiano

participio presente	participio passato
morente	morto

gerundio	
morendo	

© Forza! Verbtabellen

76 parere

presente	passato prossimo
paio	sono parso/a
pari	sei parso/a
pare	è parso/a
paiamo	siamo parsi/e
parete	siete parsi/e
paiono	sono parsi/e

imperfetto	trapassato prossimo
parevo	ero parso/a
parevi	eri parso/a
pareva	era parso/a
parevamo	eravamo parsi/e
parevate	eravate parsi/e
parevano	erano parsi/e

passato remoto	trapassato remoto
parvi	fui parso/a
paresti	fosti parso/a
parve	fu parso/a
paremmo	fummo parsi/e
pareste	foste parsi/e
parvero	furono parsi/e

futuro semplice	futuro anteriore
parrò	sarò parso/a
parrai	sarai parso/a
parrà	sarà parso/a
parremmo	saremo parsi/e
parrete	sarete parsi/e
parranno	saranno parsi/e

condizionale semplice	condizionale composto
parrei	sarei parso/a
parresti	saresti parso/a
parrebbe	sarebbe parso/a
parremmo	saremmo parsi/e
parreste	sareste parsi/e
parrebbero	sarebbero parsi/e

congiuntivo presente	congiuntivo passato
paia	sia parso/a
paia	sia parso/a
paia	sia parso/a
paiamo	siamo parsi/e
paiate	siate parsi/e
paiano	siano parsi/e

congiuntivo imperfetto	congiuntivo trapassato
paressi	fossi parso/a
paressi	fossi parso/a
paresse	fosse parso/a
paressimo	fossimo parsi/e
pareste	foste parsi/e
paressero	fossimo parsi/e

imperativo affermativo	imperativo negativo
-	-
-	-
-	-
-	-
-	-

participio presente	participio passato
parvente	parso

gerundio	
parendo	

77 piovere

presente	passato prossimo
-	-
-	-
piove	è piovuto/a
-	-
-	-
piovono	sono piovuti/e

imperfetto	trapassato prossimo
-	-
-	-
pioveva	era piovuto/a
-	-
-	-
piovevano	erano piovuti/e

passato remoto	trapassato remoto
-	-
-	-
piovve	fu piovuto/a
-	-
-	-
piovvero	furono piovuti/e

futuro semplice	futuro anteriore
-	-
-	-
pioverà	sarà piovuto/a
-	-
-	-
pioveranno	saranno piovuti/e

condizionale semplice	condizionale composto
-	-
-	-
pioverebbe	sarebbe piovuto/a
-	-
-	-
pioverebbero	sarebbero piovuti/e

congiuntivo presente	congiuntivo passato
-	-
-	-
piova	sia piovuto/a
-	-
-	-
piovano	siano piovuti/e

congiuntivo imperfetto	congiuntivo trapassato
-	-
-	-
piovesse	fosse piovuto/a
-	-
-	-
piovessero	fossero piovuti/e

imperativo affermativo	imperativo negativo
-	-
-	-
-	-
-	-
-	-

participio presente	participio passato
piovente	piovuto

gerundio	
piovendo	

78 piacere

presente	passato prossimo
piaccio	sono piaciuto/a
piaci	sei piaciuto/a
piace	è piaciuto/a
piacciamo	siamo piaciuti/e
piacete	siete piaciuti/e
piacciono	sono piaciuti/e

imperfetto	trapassato prossimo
piacevo	ero piaciuto/a
piacevi	eri piaciuto/a
piaceva	era piaciuto/a
piacevamo	eravamo piaciuti/e
piacevate	eravate piaciuti/e
piacevano	erano piaciuti/e

passato remoto	trapassato remoto
piacqui	fui piaciuto/a
piacesti	fosti piaciuto/a
piacque	fu piaciuto/a
piacemmo	fummo piaciuti/e
piaceste	foste piaciuti/e
piacquero	furono piaciuti/e

futuro semplice	futuro anteriore
piacerò	sarò piaciuto/a
piacerai	sarai piaciuto/a
piacerà	sarà piaciuto/a
piaceremo	saremo piaciuti/e
piacerete	sarete piaciuti/e
piaceranno	saranno piaciuti/e

condizionale semplice	condizionale composto
piacerei	sarei piaciuto/a
piaceresti	saresti piaciuto/a
piacerebbe	sarebbe piaciuto/a
piaceremmo	saremmo piaciuti/e
piacerete	sareste piaciuti/e
piacerebbero	sarebbero piaciuti/e

congiuntivo presente	congiuntivo passato
piaccia	sia piaciuto/a
piaccia	sia piaciuto/a
piaccia	sia piaciuto/a
piacciamo	siamo piaciuti/e
piacciate	siate piaciuti/e
piacciano	siano piaciuti/e

congiuntivo imperfetto	congiuntivo trapassato
piacessi	fossi piaciuto/a
piacessi	fossi piaciuto/a
piacesse	fosse piaciuto/a
piacessimo	fossimo piaciuti/e
piaceste	foste piaciuti/e
piacessero	fossero piaciuti/e

imperativo affermativo	imperativo negativo
piaci	non piacere
piaccia	non piaccia
piacciamo	non piacciamo
piacete	non piacete
piacciano	non piacciano

participio presente	participio passato
piacente	piaciuto

gerundio	
piacendo	

79 porre

presente	passato prossimo
pongo	ho posto
poni	hai posto
pone	ha posto
poniamo	abbiamo posto
ponete	avete posto
pongono	hanno posto

imperfetto	trapassato prossimo
ponevo	avevo posto
ponevi	avevi posto
poneva	aveva posto
ponevamo	avevamo posto
ponevate	avevate posto
ponevano	avevano posto

passato remoto	trapassato remoto
posi	ebbi posto
ponesti	avesti posto
pose	ebbe posto
ponemmo	avemmo posto
poneste	aveste posto
posero	ebbero posto

futuro semplice	futuro anteriore
porrò	avrò posto
porrai	avrai posto
porrà	avrà posto
porremo	avremo posto
porrete	avrete posto
porranno	avranno posto

condizionale semplice	condizionale composto
porrei	avrei posto
porresti	avresti posto
porre	avrebbe posto
porremmo	avremmo posto
porreste	avreste posto
porrebbero	avrebbero posto

congiuntivo presente	congiuntivo passato
ponga	abbia posto
ponga	abbia posto
ponga	abbia posto
poniamo	abbiamo posto
poniate	abbiate posto
pongano	abbiano posto

congiuntivo imperfetto	congiuntivo trapassato
ponessi	avessi posto
ponessi	avessi posto
ponesse	avesse posto
ponessimo	avessimo posto
poneste	aveste posto
ponessero	avessero posto

imperativo affermativo	imperativo negativo
poni	non porre
ponga	non ponga
poniamo	non poniamo
ponete	non ponete
pongano	non pongano

participio presente	participio passato
ponente	posto

gerundio	
ponendo	

80 potere

presente	passato prossimo
posso	ho potuto
puoi	hai potuto
può	ha potuto
possiamo	abbiamo potuto
potete	avete potuto
possono	hanno potuto

imperfetto	trapassato prossimo
potevo	avevo potuto
potevi	avevi potuto
poteva	aveva potuto
potevamo	avevamo potuto
potevate	avevate potuto
potevano	avevano potuto

passato remoto	trapassato remoto
potei/potetti	ebbi potuto
potesti	avesti potuto
poté/potette	ebbe potuto
potemmo	avemmo potuto
poteste	aveste potuto
poterono/potettero	ebbero potuto

futuro semplice	futuro anteriore
potrò	avrò potuto
potrai	avrai potuto
potrà	avrà potuto
potremo	avremo potuto
potrete	avrete potuto
potranno	avranno potuto

condizionale semplice	condizionale composto
potrei	avrei potuto
potresti	avresti potuto
potrebbe	avrebbe potuto
potremmo	avremmo potuto
potreste	avreste potuto
potrebbero	avrebbero potuto

congiuntivo presente	congiuntivo passato
possa	abbia potuto
possa	abbia potuto
possa	abbia potuto
possiamo	abbiamo potuto
possiate	abbiate potuto
possano	abbiano potuto

congiuntivo imperfetto	congiuntivo trapassato
potessi	avessi potuto
potessi	avessi potuto
potesse	avesse potuto
potessimo	avessimo potuto
poteste	aveste potuto
potessero	avessero potuto

imperativo affermativo	imperativo negativo
-	-
-	-
-	-
-	-
-	-

participio presente	participio passato
potente	potuto

gerundio	
potendo	

81 rimanere

presente	passato prossimo
rimango	sono rimasto/a
rimani	sei rimasto/a
rimane	è rimasto/a
rimaniamo	siamo rimasti/e
rimanete	siete rimasti/e
rimangono	sono rimasti/e

imperfetto	trapassato prossimo
rimanevo	ero rimasto/a
rimanevi	eri rimasto/a
rimaneva	era rimasto/a
rimanevamo	eravamo rimasti/e
rimanevate	eravate rimasti/e
rimanevano	erano rimasti/e

passato remoto	trapassato remoto
rimasi	fui rimasto/a
rimanesti	fosti rimasto/a
rimase	fu rimasto/a
rimanemmo	fummo rimasti/e
rimaneste	foste rimasti/e
rimasero	furono rimasti/e

futuro semplice	futuro anteriore
rimarrò	sarò rimasto/a
rimarrai	sarai rimasto/a
rimarrà	sarà rimasto/a
rimarremo	saremo rimasti/e
rimarrete	sarete rimasti/e
rimarranno	saranno rimasti/e

© Forza! Verbtabellen

condizionale semplice	condizionale composto
rimarrei	sarei rimasto/a
rimarresti	saresti rimasto/a
rimarrebbe	sarebbe rimasto/e
rimarremmo	saremmo rimasti/e
rimarreste	sareste rimasti/e
rimarrebbero	sarebbero rimasti/e

congiuntivo presente	congiuntivo passato
rimanga	sia rimasto/a
rimanga	sia rimasto/a
rimanga	sia rimasto/a
rimaniamo	siamo rimasti/e
rimaniate	siate rimasti/e
rimangano	siano rimasti/e

congiuntivo imperfetto	congiuntivo trapassato
rimanessi	fossi rimasto/a
rimanessi	fossi rimasto/a
rimanesse	fosse rimasto/a
rimanessimo	fossimo rimasti/e
rimaneste	foste rimasti/e
rimanessero	fossero rimasti/e

imperativo affermativo	imperativo negativo
rimani	non rimanere
rimanga	non rimanga
rimaniamo	non rimaniamo
rimanete	non rimanete
rimangano	non rimangano

participio presente	participio passato
rimanente	rimasto

gerundio	
rimanendo	

82 sapere

presente	passato prossimo
so	ho saputo
sai	hai saputo
sa	ha saputo
sappiamo	abbiamo saputo
sapete	avete saputo
sanno	hanno saputo

imperfetto	trapassato prossimo
sapevo	avevo saputo
sapevi	avevi saputo
sapeva	aveva saputo
sapevamo	avevamo saputo
sapevate	avevate saputo
sapevano	avevano saputo

passato remoto	trapassato remoto
seppi	ebbi saputo
sapesti	avesti saputo
seppe	ebbe saputo
sapemmo	avemmo saputo
sapeste	aveste saputo
seppero	ebbero saputo

futuro semplice	futuro anteriore
saprò	avrò saputo
saprai	avrai saputo
saprà	avrà saputo
sapremo	avremo saputo
saprete	avrete saputo
sapranno	avranno saputo

condizionale semplice	condizionale composto
saprei	avrei saputo
sapresti	avresti saputo
saprebbe	avrebbe saputo
sapremmo	avremmo saputo
sapreste	avreste saputo
saprebbero	avrebbero saputo

congiuntivo presente	congiuntivo passato
sappia	abbia saputo
sappia	abbia saputo
sappia	abbia saputo
sappiamo	abbiamo saputo
sappiate	abbiate saputo
sappiano	abbiano saputo

congiuntivo imperfetto	congiuntivo trapassato
sapessi	avessi saputo
sapessi	avessi saputo
sapesse	avesse saputo
sapessimo	avessimo saputo
sapeste	aveste saputo
sapessero	avessero saputo

imperativo affermativo	imperativo negativo
sappi	non sapere
sappia	non sappia
sappiamo	non sappiamo
sappiate	non sappiate
sappiano	non sappiano

participio presente	participio passato
-	saputo

gerundio	
sapendo	

83 sciogliere

presente	passato prossimo
sciolgo	ho sciolto
sciogli	hai sciolto
scioglie	ha sciolto
sciogliamo	abbiamo sciolto
sciogliete	avete sciolto
sciolgono	hanno sciolto

imperfetto	trapassato prossimo
scioglievo	avevo sciolto
scioglievi	avevi sciolto
scioglieva	aveva sciolto
scioglievamo	avevamo sciolto
scioglievate	avevate sciolto
scioglievano	avevano sciolto

passato remoto	trapassato remoto
sciolsi	ebbi sciolto
sciogliesti	avesti sciolto
sciolse	ebbe sciolto
sciogliemmo	avemmo sciolto
scioglieste	aveste sciolto
sciolsero	ebbero sciolto

futuro semplice	futuro anteriore
scioglierò	avrò sciolto
scioglierai	avrai sciolto
scioglierà	avrà sciolto
scioglieremo	avremo sciolto
scioglierete	avrete sciolto
scioglieranno	avranno sciolto

condizionale semplice	condizionale composto
scioglierei	avrei sciolto
scioglieresti	avresti sciolto
scioglierebbe	avrebbe sciolto
scioglieremmo	avremmo sciolto
scioglireste	avreste sciolto
scioglierebbero	avrebbero sciolto

congiuntivo presente	congiuntivo passato
sciolga	abbia sciolto
sciolga	abbia sciolto
sciolga	abbia sciolto
sciogliamo	abbiamo sciolto
sciogliate	abbiate sciolto
sciolgano	abbiano sciolto

congiuntivo imperfetto	congiuntivo trapassato
sciogliessi	avessi sciolto
sciogliessi	avessi sciolto
sciogliesse	avesse sciolto
sciogliessimo	avessimo sciolto
scioglieste	aveste sciolto
sciogliessero	avessero sciolto

imperativo affermativo	imperativo negativo
sciogli	non sciogliere
sciolga	non sciolga
sciogliamo	non sciogliamo
sciogliete	non sciogliete
sciolgano	non sciolgano

participio presente	participio passato
sciogliente	sciolto

gerundio	
sciogliendo	

84 soddisfare

presente	passato prossimo
soddisfo	ho soddisfatto
soddisfi	hai soddisfatto
soddisfa	ha soddisfatto
soddisfiamo	abbiamo soddisfatto
soddisfate	avete soddisfatto
soddisfano	hanno soddisfatto

imperfetto	trapassato prossimo
soddisfacevo	avevo soddisfatto
soddisfacevi	avevi soddisfatto
soddisfaceva	aveva soddisfatto
soddisfacevamo	avevamo soddisfatto
soddisfacevate	avevate soddisfatto
soddisfacevano	avevano soddisfatto

passato remoto	trapassato remoto
soddisfeci	ebbi soddisfatto
soddisfacesti	avesti soddisfatto
soddisfece	ebbe soddisfatto
soddisfacemmo	avemmo soddisfatto
soddisfaceste	aveste soddisfatto
soddisfecero	ebbero soddisfatto

futuro semplice	futuro anteriore
soddisferò	avrò soddisfatto
soddisferai	avrai soddisfatto
soddisferà	avrà soddisfatto
soddisferemo	avremo soddisfatto
soddisferete	avrete soddisfatto
soddisferanno	avranno soddisfatto

condizionale semplice	condizionale composto
soddisfarei	avrei soddisfatto
soddisfaresti	avresti soddisfatto
soddisfarebbe	avrebbe soddisfatto
soddisfaremmo	avremmo soddisfatto
soddisfareste	avreste soddisfatto
soddisfarebbero	avrebbero soddisfatto

congiuntivo presente	congiuntivo passato
soddisfi	abbia soddisfatto
soddisfi	abbia soddisfatto
soddisfi	abbia soddisfatto
soddisfiamo	abbiamo soddisfatto
soddisfiate	abbiate soddisfatto
soddisfino	abbiano soddisfatto

congiuntivo imperfetto	congiuntivo trapassato
soddisfacessi	avessi soddisfatto
soddisfacessi	avessi soddisfatto
soddisfacesse	avesse soddisfatto
soddisfacessimo	avessimo soddisfatto
soddisfaceste	aveste soddisfatto
soddisfacessero	avessero soddisfatto

imperativo affermativo	imperativo negativo
soddisfa	non soddisfare
soddisfi	non soddisfi
soddisfiamo	non soddisfiamo
soddisfate	non soddisfate
soddisfino	non soddisfino

participio presente	participio passato
soddisfacente	soddisfatto

gerundio	
soddisfacendo	

85 solere

presente	passato prossimo
soglio	-
suoli	-
suole	-
sogliamo	-
solete	-
sogliono	-

imperfetto	trapassato prossimo
solevo	-
solevi	-
soleva	-
solevamo	-
solevate	-
solevano	-

passato remoto	trapassato remoto
-	-
-	-
-	-
-	-
-	-
-	-

futuro semplice	futuro anteriore
-	-
-	-
-	-
-	-
-	-
-	-

condizionale semplice	condizionale composto
-	-
-	-
-	-
-	-
-	-
-	-

congiuntivo presente	congiuntivo passato
soglia	-
soglia	-
soglia	-
sogliamo	-
sogliate	-
sogliano	-

congiuntivo imperfetto	congiuntivo trapassato
solessi	-
solessi	-
solesse	-
solessimo	-
soleste	-
solessero	-

imperativo affermativo	imperativo negativo
-	-
-	-
-	-
-	-
-	-

participio presente	participio passato
-	solito

gerundio	
solendo	

86 stare

presente	passato prossimo
sto	sono stato/a
stai	sei stato/a
sta	è stato/a
stiamo	siamo stati/e
state	siete stati/e
stanno	sono stati/e

imperfetto	trapassato prossimo
stavo	ero stato/a
stavi	eri stato/a
stava	era stato/a
stavamo	eravamo stati/e
stavate	eravate stati/e
stavano	erano stati/e

passato remoto	trapassato remoto
stetti	fui stato/a
stesti	fosti stato/a
stette	fu stato/a
stemmo	fummo stati/e
steste	foste stati/e
stettero	furono stati/e

futuro semplice	futuro anteriore
starò	sarò stato/a
starai	sarai stato/a
starà	sarà stato/a
staremo	saremo stati/e
starete	sarete stati/e
staranno	saranno stati/e

condizionale semplice	condizionale composto
starei	sarei stato/a
staresti	saresti stato/a
starebbe	sarebbe stato/a
staremmo	saremmo stati/e
stareste	sareste stati/e
starebbero	sarebbero stati/e

congiuntivo presente	congiuntivo passato
stia	sia stato/a
stia	sia stato/a
stia	sia stato/a
stiamo	siamo stati/e
stiate	siate stati/e
stiano	siano stati/e

congiuntivo imperfetto	congiuntivo trapassato
stessi	fossi stato/a
stessi	fossi stato/a
stesse	fosse stato/a
stessimo	fossimo stati/e
steste	foste stati/e
stessero	fossero stati/e

imperativo affermativo	imperativo negativo
sta'/stai	non stare
stia	non stia
stiamo	non stiamo
state	non state
stiano	non stiano

participio presente	participio passato
stante	stato

gerundio	
stando	

87 tenere

presente	passato prossimo
tengo	ho tenuto
tieni	hai tenuto
tiene	ha tenuto
teniamo	abbiamo tenuto
tenete	avete tenuto
tengono	hanno tenuto

imperfetto	trapassato prossimo
tenevo	avevo tenuto
tenevi	avevi tenuto
teneva	aveva tenuto
tenevamo	avevamo tenuto
tenevate	avevate tenuto
tenevano	avevano tenuto

passato remoto	trapassato remoto
tenga	abbia tenuto
tenga	abbia tenuto
tenga	abbia tenuto
teniamo	abbiamo tenuto
teniate	abbiate tenuto
tengano	abbiano tenuto

futuro semplice	futuro anteriore
terrò	avrò tenuto
terrai	avrai tenuto
terrà	avrà tenuto
terremo	avremo tenuto
terrete	avrete tenuto
terranno	avranno tenuto

condizionale semplice	condizionale composto
terrei	avrei tenuto
terresti	avresti tenuto
terrebbe	avrebbe tenuto
terremmo	avremmo tenuto
terreste	avreste tenuto
terrebbero	avrebbero tenuto

congiuntivo presente	congiuntivo passato
tenga	abbia tenuto
tenga	abbia tenuto
tenga	abbia tenuto
teniamo	abbiamo tenuto
teniate	abbiate tenuto
tengano	abbiano tenuto

congiuntivo imperfetto	congiuntivo trapassato
tenessi	avessi tenuto
tenessi	avesse tenuto
tenesse	avesse tenuto
tenessimo	avessimo tenuto
teneste	aveste tenuto
tenessero	avessero tenuto

imperativo affermativo	imperativo negativo
tieni	non tenere
tenga	non tenga
teniamo	non teniamo
tenete	non tenete
tengano	non tengano

participio presente	participio passato
tenente	tenuto

gerundio	
tenendo	

© Forza! Verbtabellen

88 trarre

presente	passato prossimo
traggo	ho tratto
trai	hai tratto
trae	ha tratto
traiamo	abbiamo tratto
traete	avete tratto
traggono	hanno tratto

imperfetto	trapassato prossimo
traevo	avevo tratto
traevi	avevi tratto
traeva	aveva tratto
traevamo	avevamo tratto
traevate	avevate tratto
traevano	avevano tratto

passato remoto	trapassato remoto
trassi	ebbi tratto
traesti	avesti tratto
trasse	ebbe tratto
traemmo	avemmo tratto
traeste	aveste tratto
trassero	ebbero tratto

futuro semplice	futuro anteriore
trarrò	avrò tratto
trarrai	avrai tratto
trarrà	avrà tratto
trarremo	avremo tratto
trarrete	avrete tratto
trarranno	avranno tratto

condizionale semplice	condizionale composto
trarrei	avrei tratto
trarresti	avresti tratto
trarrebbe	avrebbe tratto
trarremmo	avremmo tratto
trarreste	avreste tratto
trarrebbero	avrebbero tratto

congiuntivo presente	congiuntivo passato
tragga	abbia tratto
tragga	abbia tratto
tragga	abbia tratto
traiamo	abbiamo tratto
traiate	abbiate tratto
traggano	abbiano tratto

congiuntivo imperfetto	congiuntivo trapassato
traessi	avessi tratto
traessi	avessi tratto
traesse	avesse tratto
traessimo	avessimo tratto
traeste	aveste tratto
traessero	avessero tratto

imperativo affermativo	imperativo negativo
trai	non trarre
tragga	non tragga
traiamo	non traiamo
traete	non traete
traggano	non traggano

participio presente	participio passato
traente	tratto

gerundio	
traendo	

89 valere

presente	passato prossimo
valgo	sono valso/a
vali	sei valso/a
vale	è valso/a
valiamo	siamo valsi/e
valete	siete valsi/e
valgono	sono valsi/e

imperfetto	trapassato prossimo
valevo	ero valso/a
valevi	eri valso/a
valeva	era valso/a
valevamo	eravamo valsi/e
valevate	eravate valsi/e
valevano	erano valsi/e

passato remoto	trapassato remoto
valsi	fui valso/a
valesti	fosti valso/a
valse	fu valso/a
valemmo	fummo valsi/e
valeste	foste valsi/e
valsero	furono valsi/e

futuro semplice	futuro anteriore
varrò	sarò valso/a
varrai	sarai valso/a
varrà	sarà valso/a
varremo	saremo valsi/e
varrete	sarete valsi/e
varranno	saranno valsi/e

condizionale semplice	condizionale composto
varrei	sarei valso/a
varresti	saresti valso/a
varrebbe	sarebbe valso/a
varremmo	saremmo valsi/e
varreste	sareste valsi/e
varrebbero	sarebbero valsi/e

congiuntivo presente	congiuntivo passato
valga	sia valso/a
valga	sia valso/a
valga	sia valso/a
valiamo	siamo valsi/e
valiate	siate valsi/e
valgano	siano valsi/e

congiuntivo imperfetto	congiuntivo trapassato
valessi	fossi valso/a
valessi	fossi valso/a
valessi	fosse valso/a
valessimo	fossimo valsi/e
valeste	foste valsi/e
valessero	fossero valsi/e

imperativo affermativo	imperativo negativo
vali	non valere
valga	non valga
valiamo	non valiamo
valete	non valete
valgano	non valgano

participio presente	participio passato
valente	valso

gerundio	
valendo	

90 venire

presente	passato prossimo
vengo	sono venuto/a
vieni	sei venuto/a
viene	è venuto/a
veniamo	siamo venuti/e
venite	siete venuti/e
vengono	sono venuti/e

imperfetto	trapassato prossimo
venivo	ero venuto/a
venivi	eri venuto/a
veniva	era venuto/a
venivamo	eravamo venuti/e
venivate	eravate venuti/e
venivano	erano venuti/e

passato remoto	trapassato remoto
venni	fui venuto/a
venisti	fosti venuto/a
venne	fu venuto/a
venimmo	fummo venuti/e
veniste	foste venuti/e
vennero	furono venuti/e

futuro semplice	futuro anteriore
verrò	sarò venuto/a
verrai	sarai venuto/a
verrà	sarà venuto/a
verremo	saremo venuti/e
verrete	sarete venuti/e
verranno	saranno venuti/e

condizionale semplice	condizionale composto
verrei	sarei venuto/a
verresti	saresti venuto/a
verrebbe	sarebbe venuto/a
verremmo	saremmo venuti/e
verreste	sareste venuti/e
verrebbero	sarebbero venuti/e

congiuntivo presente	congiuntivo passato
venga	sia venuto/a
venga	sia venuto/a
venga	sia venuto/a
veniamo	siamo venuti/e
veniate	siate venuti/e
vengano	siano venuti/e

congiuntivo imperfetto	congiuntivo trapassato
venissi	fossi venuto/a
venissi	fossi venuto/a
venisse	fosse venuto/a
venissimo	fossimo venuti/e
veniste	foste venuti/e
venissero	fossero venuti/e

imperativo affermativo	imperativo negativo
vieni	non venire
venga	non venga
veniamo	non veniamo
venite	non venite
vengano	non vengano

participio presente	participio passato
veniente/venente	venuto

gerundio	
venendo	

91 volere

presente	passato prossimo
voglio	ho voluto
vuoi	hai voluto
vuole	ha voluto
vogliamo	abbiamo voluto
volete	avete voluto
vogliono	hanno voluto

imperfetto	trapassato prossimo
volevo	avevo voluto
volevi	avevi voluto
voleva	aveva voluto
volevamo	avevamo voluto
volevate	avevate voluto
volevano	avevano voluto

passato remoto	trapassato remoto
volli	ebbi voluto
volesti	avesti voluto
volle	ebbe voluto
volemmo	avemmo voluto
voleste	aveste voluto
vollero	ebbero voluto

futuro semplice	futuro anteriore
vorrò	avrò voluto
vorrai	avrai voluto
vorrà	avrà voluto
vorremo	avremo voluto
vorrete	avrete voluto
vorranno	avranno voluto

condizionale semplice	condizionale composto
vorrei	avrei voluto
vorresti	avresti voluto
vorrebbe	avrebbe voluto
vorremmo	avremmo voluto
vorreste	avreste voluto
vorrebbero	avrebbero voluto

congiuntivo presente	congiuntivo passato
voglia	abbia voluto
voglia	abbia voluto
voglia	abbia voluto
vogliamo	abbiamo voluto
vogliate	abbiate voluto
vogliano	abbiano voluto

congiuntivo imperfetto	congiuntivo trapassato
volessi	avessi voluto
volessi	avessi voluto
volesse	avesse voluto
volessimo	avessimo voluto
voleste	aveste voluto
volessero	avessero voluto

imperativo affermativo	imperativo negativo
vogli	non volere
voglia	non voglia
vogliamo	non vogliamo
vogliate	non vogliate
vogliano	non vogliano

participio presente	participio passato
volente	voluto

gerundio	
volendo	

A

abbacchiare	6	abituare; -rsi*	1
abbacinare	1	abiurare	1
abbagliare	6	abolire	19
abbaiare	6	abominare	1
abbandonare; -rsi*	1	aborrire	19
abbarbicare; -rsi*	2	abortire	19
abbassare; -rsi*	1	abrogare	3
abbattere; -rsi*	8	abusare	1
abbellire	19	accadere*	9
abbeverare	1	accalappiare	6
abbigliarsi*	6	accalcarsi*	2
abbinare	1	accaldarsi*	1
abbisognare	1	accalorarsi*	1
abboccare	2	accampare	1
abbonare; -rsi*	1	accanirsi*	19
abbondare	1	accantonare	1
abbonire	19	accaparrare; -rsi*	1
abbordare	1	accapigliarsi*	6
abborracciare	4	accarezzare	1
abbottonare	1	accartocciare	4
abbozzare	1	accasare	1
abbracciare	4	accasciare; -rsi*	4
abbrancare	2	accasermare	1
abbreviare	6	accatastare	1
abbronzare	1	accattare	1
abbruciacchiare	6	accattivarsi*	1
abbrunare; -rsi*	1	accavallare; -rsi*	1
abbrunire	19	accecare	2
abbrustolire	19	accedere	8
abbrutirsi*	19	accelerare	1
abbuffarsi*	1	accendere	49
abbuiare	6	accennare	1
abbuonare	1	accentare	1
abdicare	2	accentuare; -rsi*	1
aberrare	1	accerchiare	6
abilitare	1	accertare; -rsi*	1
abitare	1	accettare	6

acchiappare	1	acquisire	19
accigliarsi*	6	acquistare	1
accingersi*	32	acuire	19
acciuffare	1	acuminare	1
acclamare	1	acutizzare	1
acclarare	1	adagiare	5
acclimatare	1	adattare	1
accludere	31	addebitare	1
accoccolarsi*	1	addensare	1
accodare; -rsi*	1	addentare	1
accogliere	83	addentrarsi*	1
accollare; -rsi*	1	addestrare	1
accoltellare	1	addirsi*	69
accomiatarsi*	1	additare	1
accomodare; -rsi*	1	addivenire	90
accompagnare	1	addizionare	1
accomunare	1	addobbare	1
acconciare	4	addolcire; -rsi*	19
accondiscendere	49	addolorare	1
acconsentire	18	addomesticare	2
accontentare; -rsi*	1	addormentare; -rsi*	1
accoppare	1	addossare	1
accoppiare	6	addurre	67
accorciare	4	adeguare	1
accordare; -rsi*	1	adempiere	66
accorgersi*	48	aderire	19
accorpare	1	adescare	2
accorrere*	30	adibire	19
accostare; -rsi*	1	adirarsi*	1
accovacciarsi*	4	adire	19
accreditare	1	adocchiare	6
accrescere; -rsi*	29	adombrare; -rsi*	1
accucciarsi*	4	adoperare; -rsi*	1
accudire	19	adorare	1
acculturarsi*	1	adornare	1
accumulare	1	adottare	1
accusare	1	adulare	1
acidificare	2	adulterare	1
acquattarsi*	1	adunare	1
acquietare	1	aerare	1

© Forza! Verbtabellen

aerotrasportare	1	agghindare	1
affaccendarsi*	1	aggiogare	3
affacciarsi*	4	aggiornare; -rsi*	1
affamare	1	aggirare; -rsi*	1
affannare; -rsi*	1	aggiudicare; -rsi*	2
affardellare	1	aggiungere; -rsi*	32
affascinare	1	aggiuntare	1
affastellare	1	aggiustare	1
affaticare; -rsi*	2	agglomerare	1
affermare	1	agglutinare	1
afferrare	1	aggraffare	1
affettare	1	aggrapparsi*	1
affezionarsi*	1	aggravare	1
affiancare; -rsi*	2	aggraziarsi*	6
affiatarsi*	1	aggredire	19
affibbiare	6	aggregare; -rsi*	3
affidare	1	aggrottare	1
affievolirsi*	19	aggrovigliare	6
affiggere	43	agguantare	1
affilare	1	agguerrire	19
affiliare; -rsi*	6	agire	19
affinare	1	agitare; -rsi*	1
affiorare*	1	agognare	1
affittare	1	agonizzare	1
affliggere	43	aguzzare	1
afflosciare	4	aiutare	1
affluire*	19	aizzare	1
affogare	3	albeggiare*	5
affollare; -rsi*	1	alberare	1
affondare	1	alcolizzare; -rsi*	1
affossare; -rsi*	1	aleggiare	5
affrancare	2	alfabetizzare	1
affratellare	1	alienare	1
affrescare	2	alimentare	1
affrettare; -rsi*	1	alitare	1
affrontare; -rsi*	1	allacciare	4
affumicare	2	allagare	3
agevolare	1	allargare	3
agganciare	4	allarmare; -rsi*	1
agghiacciare	4	allattare	1

allearsi*	1	ammazzare	1
allegare	3	ammettere	44
alleggerire	19	ammezzare	1
allenare	1	ammiccare	2
allentare	1	amministrare	1
allertare	1	ammirare	1
allestire	19	ammobiliare	7
allettare	1	ammodernare	7
allevare	1	ammogliare	6
allibire*	19	ammollire	19
allietare; -rsi*	1	ammonire	19
allignare	1	ammontare*	1
allineare	1	ammontare*	1
allocare	2	ammonticchiare	6
alloggiare	5	ammorbare	1
allontanare; -rsi*	1	ammorbidire	19
allucinare	1	ammortire	19
alludere	31	ammucchiare	6
allungare; -rsi*	3	ammuffire*	19
almanaccare	2	ammutinarsi*	1
alterare	1	ammutolire*	29
alternare	1	amnistiare	7
alzare; -rsi	1	amoreggiare	5
amalgamare; -rsi*	1	ampliare	6
amare	1	amplificare	2
amareggiare; -rsi*	5	amputare	1
ambientare; -rsi*	1	analizzare	1
ambire	19	anatomizzare	1
ammaccare	2	ancheggiare	5
ammaestrare	1	anchilosarsi*	1
ammagliare	6	ancorare	1
ammainare	1	**andare***	62
ammalarsi*	1	anelare	1
ammaliare	6	anestetizzare	1
ammanettare	1	angosciare	4
ammanicarsi*	2	angustiare	6
ammansire	19	animare	1
ammarrare	1	annacquare	1
ammassare; -rsi*	1	annaffiare	6
ammattire*	19	annaspare	1

© Forza! Verbtabellen

annebbiare; -rsi*	1	appiccicare	2
annegare	3	appigliarsi*	6
annerire	19	appioppare	1
annettere	24	appisolarsi*	1
annichilire; -rsi*	19	applaudire	19
annidarsi*	1	applicar; -rsi*	2
annientare; -rsi*	1	appoggiare	5
annodare	1	appollaiarsi*	6
annoverare	1	apporre	79
annuire	19	apportare	1
annullare	1	appostare	1
annunciare	4	apprendere	49
annunziare	6	apprestarsi*	1
annusare	1	apprezzare	1
ansare	1	approdare	1
ansimare	1	approfittare; -rsi*	1
antecedere	8	approfondire	19
anteporre; -rsi*	79	approntare	1
anticipare	1	appropriarsi*	6
antidatare	1	approssimarsi*	1
apostrofare	1	approvare	1
appagare; -rsi*	3	approvvigionare	1
appaiare	6	appuntare	1
appallottolare	1	appuntellare	1
appaltare	1	appuntire	19
appannare	1	appurare	1
apparecchiare	6	**aprire**	60
apparire*	63	arare	1
appartarsi*	1	arbitrare	1
appartenere	87	archiviare	6
appassionare	1	arcuare	1
appassire*	19	ardere	31
appellarsi*	1	ardire	19
appendere	49	arieggiare	5
appesantire	19	armare	1
appestare	1	armeggiare	5
appianare	1	armonizzare	1
appiattarsi*	1	aromatizzare	1
appiattire	19	arpeggiare	5
appiccare	2	arpionare	1

arrabattarsi*	1	asportare	1
arrabbiarsi*	6	assaggiare	5
arraffare	1	assalire	21/19
arrampicarsi*	2	assaltare	1
arrancare	2	assaporare	1
arrangiare	5	assassinare	1
arrecare	2	assecondare	1
arredare	1	assediare	6
arrembare*	1	assegnare	1
arrendersi*	49	assemblare	1
arrestare; -rsi*	1	assembrarsi*	1
arretrare	1	assentire	18
arricchire; -rsi*	19	asserire	19
arricciare	4	asserragliarsi*	6
arringare	3	asservire	19
arrischiare	6	assestare; -rsi*	1
arrivare*	1	assetare	1
arrogarsi*	3	assettare	1
arrossare; -rsi*	1	asseverare	1
arrossire*	19	assicurare	1
arrostire	19	assiderare*	1
arrotare	1	assieparsi*	1
arrotolare	1	assillare	1
arrotondare	1	assimilare	1
arrovellarsi*	1	assistere	39
arroventarsi*	1	associare	4
arruffare	1	assodare	1
arrugginire	19	assoggettare	1
arruolare	1	assoldare	1
articolare	1	assolutizzare	1
arzigogolare	1	**assolvere**	25
ascendere*	49	assomigliare	6
asciugare	3	assopirsi*	19
ascoltare	1	assorbire	19
ascrivere	55	assordare	1
asfaltare	1	assortire	19
asfissiare	6	assottigliare	6
aspergere	38	assuefare	73
aspettare; -rsi*	1	**assumere**	26
aspirare	1	assurgere*	48

astenersi*	87	autogestire	19
astrarre	88	autogovernarsi*	1
atomizzare	1	autoinvitarsi*	1
atrofizzare	1	automatizzare	1
attaccare	2	autorizzare	1
attanagliare	6	autotrasportare	1
attardarsi*	1	avallare	1
attecchire	19	avanzare; -rsi*	1
atteggiarsi*	5	avariare	6
attendere; -rsi*	49	**avere**	64
attenere; -rsi*	87	aviotrasportare	1
attentare	1	avvalersi*	89
attenuare	1	avvallarsi*	1
atterrare	1	avvalorare	1
atterrire	19	avvampare*	1
attestare	1	avvantaggiare; -rsi*	5
attingere	32	avvedersi*	16
attirare	1	avvelenare	1
attivare	1	avvenire*	90
attivizzare	1	avventare; -rsi*	1
attizzare	1	avventurarsi*	1
attorcere; -rsi*	58	avverarsi*	1
attorcigliare	6	avversare	1
attorniare	6	avvertire	18
attraccare	2	avviare	1
attrarre	88	avviare; -rsi*	6
attraversare	1	avvicendarsi*	1
attrezzare	1	avvicinare; -rsi*	1
attribuire	19	avvilire	19
attristare	1	avviluppare	1
attualizzare	1	avvincere	58
attuare	1	avvinghiare	6
attutire	19	avvisare	1
augurare; -rsi*	1	avvistare	1
aumentare	1	avvivare	1
auscultare	1	avvizzire	19
auspicare	2	avvolgere	59
autenticare	2	azionare	1
autodistruggersi*	43	azzannare	1
autofinanziarsi*	6	azzardare	1

azzeccare	2	azzoppare	1
azzerare	1	azzuffarsi*	1
azzittire	19		

B

bacare; -rsi*	2	bendare	1
bacchiare	6	benedire	69
baciare	4	beneficare	2
badare	1	beneficiare	4
bagnare; -rsi*	1	**bere**	65
balbettare	1	bersagliare	6
balenare*	1	bestemmiare	6
ballare	1	bevicchiare	6
ballottare	1	biascicare	2
balzare*	1	biasimare	1
balzellare	1	bidonare	1
banalizzare	1	biforcarsi*	2
banchettare	1	bighellonare	1
bandire	19	bigiare	5
barare	1	bilanciare	4
barattare	1	biodegradare	1
barbugliare	6	bipartire	19
barcamenarsi*	1	bisbigliare	6
barcollare	1	bisognare*	1
bardare	1	bisticciare	4
barrare	1	bistrattare	1
barricare	2	bitumare	1
basare	1	bivaccare	2
bastare*	1	blaterare	1
bastonare	1	blindare	1
battere; -rsi*	8	bloccare; -rsi*	2
battezzare	1	bluffare	1
battibeccare	2	boccheggiare	5
bazzicare	1	bocciare	4
beccare	2	boicottare	1
beffare; -rsi*	1	bollare	1
belare	1	bollire	18

bombardare	1	brindare	1
bombare	1	brontolare	1
bonificare	2	brucare	2
borbottare	1	bruciacchiare	6
bordare	1	bruciare; -rsi*	4
bordeggiare	5	brulicare	2
borseggiare	5	bucare; -rsi*	2
boxare	1	bucherellare	1
braccare	2	burlare; -rsi*	1
bramire	19	burocratizzare	1
brevettare	1	buscare	2
brillantare	1	bussare	1
brillare	1	buttare	1
brinare*	1		

C

cablare	1	cambiare; -rsi*	1
cacciare; -rsi*	4	camminare	1
cadenzare	1	campare*	1
cadere*	9	campionare	1
cagionare	1	camuffare	1
cagliare*	6	canalizzare	1
calafatare	1	cancellare	1
calamitare	1	candeggiare	5
calare	1	candidare	1
calcare	2	candire	19
calciare	4	cannoneggiare	5
calcificare	2	canonizzare	1
calcinare	1	cantare	1
calcolare	1	canterellare	1
caldeggiare	5	canticchiare	6
calibrare	1	canzonare	1
calmare; -rsi*	1	capacitarsi*	1
calmierare	1	capeggiare	5
calpestare	1	capillarizzare	1
calunniare	6	capire	19
calzare	1	capitalizzare	1

capitanare	1	cenare	1
capitare*	1	censire	19
capitolare	1	censurare	1
capitombolare*	1	centellinare	1
capovolgere	59	centralizzare	1
captare	1	centrare	1
carambolare	1	centrifugare	3
caramellare	1	centuplicare	2
caratterizzare	1	cerare	1
carbonizzare	1	**cercare**	2
carburare	1	cerchiare	6
carcerare	1	certificare	2
cariare	6	cesellare	1
caricaturare	1	cessare	1
carpire	19	cestinare	1
carrozzare	1	chattare	1
cartavetrare	1	chiacchierare	1
cascare*	2	chiamare; -rsi*	1
cassare	1	chiarificare	2
castigare	3	chiarire; -rsi*	19
castrare	1	chiazzare	1
catalizzare	1	**chiedere**	27
catalogare	3	chinare	1
catapultare	1	chiocciare	4
catastare	1	chiosare	1
catechizzare	1	chiudere	31
catramare	1	ciarlare	1
cattivarsi*	1	cibarsi*	1
catturare	1	cicatrizzare	1
causare	1	ciccare	2
cautelare	1	ciclostilare	1
cavalcare	2	cifrare	1
cavare	1	cigolare	1
cavillare	1	cimare	1
cedere	8	cimentarsi*	1
celare	1	cincischiare	6
celebrare	1	cinematografare	1
cellofanare	1	cingere	32
cementare	1	cinguettare	1
cementificare	2	cintare	1

© Forza! Verbtabellen

ciondolare	1	collidere	31
circolare	1	collimare	1
circoncidere	31	collocare	2
circondare	1	colloquiare	6
circoscrivere	55	colmare	1
circostanziare	6	colonizzare	1
circuire	19	colorare	1
circumnavigare	3	colorire; -rsi*	19
citare	1	colpevolizzare	1
citofonare	1	colpire	19
ciucciare	4	coltivare	1
civettare	1	comandare	1
civilizzare	1	combaciare	4
classare	1	combattere	44
classificare; -rsi*	2	comminare	1
claudicare	2	commiserare	1
cliccare	2	commissionare	1
climatizzare	1	commisurare	1
clonare	1	commuovere; -rsi*	45
coabitare	1	commutare	1
coadiuvare	1	comparare	1
coagulare; -rsi*	1	comparire*	63
coalizzare	1	compartecipare	1
coartare	1	compatire	19
coccolare	1	compattare	1
codificare	2	compendiare	6
coesistere*	39	compenetrare	1
cogestire	19	compensare	1
cogliere	83	comperare	1
coincidere	31	competere ()	8
cointeressare	1	compiacere, -rsi*	78
cointestare	1	compiangere	32
coinvolgere	59	**compiere**; -rsi*	66
colare	1	compilare	1
collaborare	1	compitare	1
collassare	1	complessare	1
collaudare	1	completare	1
collegare; -rsi*	3	complicare	2
collettivare	1	complimentarsi*	1
collezionare	1	complottare	1

© Forza! Verbtabellen

comporre; -rsi*	79	confezionare	1
comportare; -rsi*	1	conficcare; -rsi*	2
compostare	1	confidare	1
comprare	1	configurarsi*	1
comprendere	49	confinare	1
comprimere	41	confiscare	2
compromettere	44	conflagrare*	1
comprovare	1	confluire	19
computare	1	confondere; -rsi*	42
computerizzare	1	conformare	1
comunicare	2	confortare	1
concatenare	1	confrontare	1
concedere; -rsi*	28	confutare	1
concentrare; -rsi*	1	congedare	1
concepire	19	congegnare	1
concernere ()	8	congelare; -rsi*	1
concertare	1	congestionare; -rsi*	1
concettualizzare	1	congetturare	1
conciare	4	congiungere	32
conciliare	6	congiurare	1
concimare	1	conglobare	1
concitare	1	conglomerare	1
conclamare	1	congratularsi*	1
concludere	31	congregare	3
concordare	1	conguagliare	6
concorrere	30	coniare	7
concretizzare	1	coniugare	3
conculcare	2	connaturarsi*	1
condannare	1	connettere	24
condensare	1	connotare	1
condire	19	**conoscere**	29
condividere	31	conquistare	1
condizionare	1	consacrare	1
condonare	1	consapevolizzare	1
condurre	67	consegnare	1
confabulare	1	conseguire	18
confederarsi*	1	consentire	18
conferire	19	conservare	1
confermare	1	considerare	1
confessare	1	consigliare	6

consistere*	39	contristarsi*	1
consociare	4	controbattere	8
consolare	1	controbilanciare	4
consolidare	1	controdatare	1
consorziare	1	controfirmare	1
constare*	1	controindicare	2
constatare	1	controllare; -rsi*	1
consultare; -rsi*	1	controreplicare	2
consumare	1	controsterzare	1
contabilizzare	1	contundere	49
contagiare	5	conturbare	1
contaminare	1	convalidare	1
contare	1	convenire	90
contattare	1	convenzionare	1
conteggiare	5	convergere*	38
contemplare	1	conversare	1
contendere	49	convertire	18
contenere; -rsi*	87	convincere	58
contentare	1	convivere	17
contestare	1	convocare	2
contestualizzare	1	convogliare	6
contingentare	1	cooperare	1
continuare	1	coordinare	1
contorcere	58	copiare	6
contornare	1	coprire	60
contrabbandare	1	coprodurre	67
contraccambiare	6	corazzare	1
contraddire	69	coricarsi*	2
contraddistinguere; -rsi*	35	coronare	1
contraffare	1	corredare	1
contrappesare	1	correggere	43
contrapporre; -rsi*	79	correlare	1
contrariare	6	**correre**	30
contrarre	88	corresponsabilizzare	1
contrassegnare	1	corrispondere	52
contrastare	1	corroborare	1
contrattaccare	2	corrodere	31
contrattare	1	corrompere	53
contravvenire	90	corrucciarsi*	4
contribuire	19	corrugare	3

corteggiare	5	cristianizzare	1
cospargere	38	criticare	2
cospirare	1	crivellare	1
costare*	1	crocesegnare	1
costeggiare	5	crocifiggere	43
costellare	1	crogiolare; -rsi*	1
costernare	1	crollare*	1
costipare	1	cromare	1
costituire	19	cronicizzarsi*	1
costringere	57	cronometrare	1
costruire	19	crossare	1
cotonare	1	crucciarsi*	4
covare	1	cuccare	2
cozzare	1	cucinare	1
creare; -rsi*	1	**cucire**	20
credere; -rsi*	8	cullare	1
cremare	1	culminare*	1
crepare*	1	cumulare	1
crepitare	1	**cuocere**	10
crescere*	29	curare	1
cresimare	1	curiosare	1
criminalizzare	1	curvare	1
cristallizzare	1	custodire	19

D

dannarsi*	1	decalcificare	2
danneggiare	5	decantare	1
danzare	1	decapitare	1
dare	68	decappottare	1
datare	1	decedere*	8
dattilografare	55	decelerare	1
daziare	6	decentralizzare	1
debellare	1	decentrare	1
debilitare	1	**decidere**; -rsi*	31
debordare	1	decifrare	1
debuttare	1	decimare	1
decadere*	9	declamare	1

declassare	1	delinquere	8
declinare	1	delirare	1
decodificare	2	deliziare	6
decollare	1	delucidare	1
decolonizzare	1	deludere	31
decomporre	79	demandare	1
deconcentrare; -rsi*	1	demeritare	1
decondizionare	1	demilitarizzare	1
decongelare	1	demineralizzare	1
decongestionare	1	demistificare	2
decontaminare	1	democratizzare	1
decorare	1	demordere	31
decorrere*	30	demotivare	1
decrescere*	29	denaturare	1
decretare	1	denigrare	1
decurtare	1	denominare	1
dedicare; -rsi*	2	denotare	1
dedurre	67	denuclearizzare	1
defalcare	2	denudare	1
defenestrare	1	denunciare	4
deferire	19	deodorare	1
defilare; -rsi*	1	depauperare	1
definire	19	depennare	1
defiscalizzare	1	deperire*	19
deflagrare	1	depilare	1
deflettere	24	depistare	1
defluire*	10	deplorare	1
deformare	1	deporre	79
defraudare	1	deportare	1
degenerare	1	depositare	1
deglutire	19	depravare	1
degnare; -rsi*	1	deprecare	2
degradare	1	depredare	1
degustare	1	depressurizzare	1
deificare	2	deprezzare	1
delegare	3	deprimere	41
delegittimare	1	deprivare	1
deliberare	1	depurare	1
delimitare	1	deputare	1
delineare; -rsi*	1	dequalificare	2

© Forza! Verbtabellen

deragliare	6	dibattere; -rsi*	8
deresponsabilizzare	1	dichiarare	1
deridere	31	difendere; -rsi*	49
derivare	1	difettare	1
derogare	3	diffamare	1
derubare	1	differenziare	6
descrivere	55	differire	19
desensibilizzare	1	diffidare	1
desiderare	1	diffondere	42
designare	1	digerire	19
desistere	39	digitalizzare	1
desolare	1	digitare	1
desonorizzare	1	digiunare	1
destabilizzare	1	digrignare	1
destare; -rsi*	1	diguazzare	1
destinare	1	dilagare	3
destituire	19	dilaniare	6
destreggiarsi*	5	dilapidare	1
destrutturare	1	dilatare	1
desumere	26	dilavare	1
detassare	1	dilazionare	1
detenere	87	dileguare*	1
detergersi*	38	dilettarsi*	1
deteriorare	1	diluire	19
determinare	1	dilungarsi*	3
detestare	1	diluviare	6
detonare	1	dimagrire*	19
detrarre	88	dimenare; -rsi*	1
detronizzare	1	dimenticare; -rsi*	2
dettagliare	6	dimettere; -rsi*	44
dettare	1	dimezzare	1
deturpare	1	diminuire	19
deumidificare	2	dimissionare	1
devastare	1	dimorare	1
deviare	7	dimostrare	1
devitalizzare	1	dinamizzare	1
devolvere	8	dipanare	1
diagnosticare	2	dipendere*	49
dializzare	1	**dipingere**	32
dialogare	3	diplomarsi*	1

diradare	1	diseducare	2
diramare; -rsi*	1	disegnare	1
dire	69	diserbare	1
dirigere	33	diseredare	1
dirimere ()	8	disfare; -rsi*	73
diroccare	2	disgiungere	3
dirottare	1	disgustare	1
disabilitare	1	disidratare	1
disabituare	1	disilludere	32
disadattare	1	disimballare	1
disaffezionarsi*	1	disimparare	1
disaggregare	3	disimpegnare	1
disancorare	1	disincagliare	6
disanimarsi*	1	disincantare	1
disappannare	1	disincentivare	1
disapprovare	1	disincrostare	1
disarcionare	1	disinfestare	1
disarmare	1	disinfettare	1
disarmonizzare	1	disingannare	1
disarticolare	1	disinibire	19
disattendere	49	disinnescare	2
disattivare	1	disinnestare	1
disautorare	1	disinquinare	1
discendere ()	49	disinserire	19
discernere	8	disintasare	1
dischiudere	31	disintegrare	1
disciogliere	83	disinteressarsi*	1
disciplinare	1	disintossicare	2
discolpare	1	disinvestire	18
disconnettere	24	disistimare	1
disconoscere	29	dislocare	2
discordare	1	disobbedire	19
discorrere	30	disobbligarsi*	3
discostarsi*	1	disonorare	1
discreditare	1	disorganizzare	1
discriminare	1	disorientare	1
discutere	34	disossare	1
disdegnare	1	disossidare	1
disdettare	1	dispensare	1
disdire	69	disperare	1

disperdere	47	disunire	19
dispiacere; -rsi*	78	divagare	3
dispiegare	3	divampare*	1
disporre; -rsi*	79	divaricare	2
disprezzare	1	**divellere**	36
disputare	1	divenire*	90
disquisire	19	diventare*	1
dissacrare	1	divergere ()	38
dissalare	1	diversificare	2
dissanguare	1	divertire; -rsi*	18
disseccare	2	divezzare	1
disseminare	1	dividere	31
dissentire	18	divincolarsi*	1
disseppellire	19	divinizzare	1
dissequestrare	1	divorare	1
dissertare	1	divorziare	6
dissestare	1	divulgare	3
dissetare	1	documentare; -rsi*	1
dissimulare	1	dogmatizzare	1
dissipare	1	dolcificare	2
dissociare; -rsi*	4	**dolere**; -rsi*	70
dissodare	1	domandare	1
dissolvere	25/8	domare	1
dissotterrare	1	domiciliarsi*	6
dissuadere	31	dominare	1
distaccare	2	donare	1
distanziare	6	dondolare	1
distare ()	1	dopare	1
distendere	49	doppiare	6
distillare	1	dorare	1
distinguere	45	dormicchiare	6
distogliere	83	dormire	18
distorcere; -rsi*	58	dosare	1
distrarre	88	dotare	1
distribuire	19	**dovere**	71
districare	2	dragare	3
distruggere	43	drammatizzare	1
disturbare; -rsi*	1	drenare	1
disubbidire	19	dribblare	1
disumanizzare	1	drizzare	1

drogare; -rsi*	3	duplicare	2
dubitare	1	durare	1

E

eccedere	8	emancipare	1
eccellere	37	emarginare	1
eccepire	19	emendare	1
eccettuare	1	**emergere***	38
eccitare	1	emettere	44
echeggiare	5	emigrare	1
eclissare; -rsi*	1	emozionare	1
economizzare	1	emulare	1
edificare	2	encomiare	6
educare	2	enfatizzare	1
effeminare	1	entrare*	1
effettuare	1	entusiasmare	1
effigiare	5	enumerare	1
effondere*	42	enunciare	4
egemonizzare	1	epurare	1
eguagliare	6	equilibrare	1
eiaculare	1	equipaggiare	5
eiettare	1	equiparare	89
elaborare	1	equivocare	2
elargire	19	ereditare	1
elasticizzare	1	ergersi*	48
eleggere	43	erigere	33
elemosinare	1	erodere	31
elencare	2	erogare	3
elettrificare	2	erompere ()	53
elettrizzare	1	erotizzare	1
elevare	1	errare	1
elidere	31	erudire	53
eliminare	1	eruttare	1
elogiare	5	esacerbare	1
elucubrare	1	esagerare	1
eludere	31	esalare	1
emanare	1	esaltare	1

esaminare	1	**esprimere**; -rsi*	41
esasperare	1	espropriare	6
esaudire	19	espugnare	1
esaurire; -rsi*	19	**essere***	72
esautorare	1	essiccare	2
esclamare	1	estasiare	6
escludere	31	estendere; -rsi*	49
escogitare	1	estenuare	1
esecrare	1	esteriorizzare	1
eseguire	19	esternare	1
esemplificare	2	estetizzare	1
esentare	1	estinguere; -rsi*	35
esercitare	1	estirpare	1
esibire; -rsi*	19	estorcere	58
esigere	8	estradare	1
esilarare	1	estraniare	6
esiliare	7	estrapolare	1
esimere; -rsi* ()	8	estrarre	88
esistere*	39	estremizzare	1
esitare	1	estrinsecare	2
esonerare	1	estromettere	44
esorbitare	1	esulare	1
esorcizzare	1	esultare	1
esordire	19	esumare	1
esortare	1	eternare	1
espandere	31	etichettare	1
espatriare*	6	etimologizzare	1
espellere	40	euforizzare	1
esperire	19	evacuare	1
espiare	7	evadere	31
espirare*	1	evangelizzare	1
espletare	1	evaporare	1
esplicare	2	evidenziare	6
esplicitare	1	evirare	1
esplodere*	31	evitare	1
esplorare	1	evocare	2
esporre; -rsi*	79	evolvere; -rsi*	8, 25
esportare	1		

F

fabbricare; -rsi*	2	fidare; -rsi*	1
facilitare	1	figurare; -rsi*	1
fagocitare	1	filare	1
falciare	4	filmare	1
fallire	19	filtrare	1
falsare	1	finalizzare	1
falsificare	2	finanziare	6
familiarizzare	1	fingere	32
fanatizzare	1	**finire**	19
fantasticare	2	fioccare*	2
farcire	19	fiorire*	19
fare; -rsi*	73	firmare	1
farfugliare	6	fiscalizzare	1
farneticare	2	fischiare	6
fasciare	4	fischierellare	1
faticare	2	fischiettare	1
fatturare	1	fissare	1
favoleggiare	5	fiutare	1
favoreggiare	5	flagellare	1
favorire	19	flettere	24
faxare	1	flirtare	1
fecondare	1	fluidificare	2
federarsi*	1	fluire*	19
felicitarsi*	1	fluttuare	1
fendere	8	focalizzare	1
ferire; -rsi*	19	foderare	1
fermare; -rsi*	1	foggiare	5
fermentare	1	folgorare	1
fertilizzare	1	fomentare	1
fervere ()	8	fondare	1
festeggiare	5	**fondere**	42
fiaccare	2	foraggiare	5
fiammeggiare	5	forare	1
fiancheggiare	5	forfettizzare	1
fiatare	1	forgiare	5
ficcare	2	formalizzare; -rsi*	1
fidanzare; -rsi*	1	formare; -rsi*	1

© Forza! Verbtabellen

formattare	1	frequentare	1
formicolare	1	fresare	1
formulare	1	friggere	43
fornire	19	frignare	1
fortificare	2	frivoleggiare	5
forviare	7	frizionare	1
forzare	1	frizzare	1
fossilizzarsi*	1	frodare	1
fotocopiare	6	frollare	1
fotografare	1	fronteggiare	5
fracassare	1	frugare	3
fraintendere	49	fruire	19
frammentare	1	frullare	1
frammezzare	1	frusciare	4
franare*	1	frustare	1
frangersi*	32	frustrare	1
frantumare	1	fruttare	1
frapporre	79	fruttificare	2
frastagliare	6	fucilare	1
frastornare	1	fuggire	18
fraternizzare	1	fulminare; -rsi*	1
fratturare	1	fumare	1
frazionare	1	fungere	32
freddare	1	funzionare	1
fregare	3	fuoriuscire*	23
fregiare	5	fuorviare	7
fremere	8	fustigare	3
frenare	1		

G

galleggiare	5	gassare	1
galoppare	1	gassificare	2
galvanizzare	1	gattonare	1
garantire	19	gelare; -rsi*	1
gareggiare	5	gelificare	2
garrire	19	gemellare	1
gasarsi*	1	gemere	8

© Forza! Verbtabellen

gemmare	1	gonfiare	6
generalizzare	1	gorgheggiare	5
generare; -rsi*	1	gorgogliare	6
genuflettersi*	24	governare	1
gerarchizzare	1	gozzovigliare	6
germinare	1	gracchiare	6
germogliare	6	gracidare	1
gesticolare	1	gradire	19
gestire	19	graduare	1
gettare	1	graffare	1
ghermire	19	graffiare	6
ghiacciare; -rsi*	4	grandinare	1
ghigliottinare	1	gratificare	2
ghignare	1	gratinare	1
giacere*	78	grattare	1
gingillarsi*	1	grattugiare	5
giocare; -rsi*	2	gravare	1
giocherellare	1	gravitare	1
gioire	19	**graziare**	6
giostrare	1	gremire	19
girare	1	gridare	1
girellare	1	grigliare	6
gironzolare	1	grippare	1
girovagare	3	grondare	1
giudicare	2	grugnire	19
giungere*	32	guadagnare	19
giuntare	1	guadare	1
giurare	1	guaire	19
giustapporre	79	guardare	1
giustificare	2	guarire	19
giustiziare	6	guarnire	19
glassare	1	guastare	1
glissare	1	guazzare	1
glorificare	2	guidare	1
glossare	1	guizzare	1
gocciolare	1	gustare	1
godere; -rsi*	11		

I

ibernare	1	imbottire	19
ibridare	1	imbracare	2
idealizzare	1	imbragare	3
ideare	1	imbrattare	1
identificare	2	imbrigliare	6
ideologizzare	1	imbroccare	2
idolatrare	1	imbrogliare	6
idratare	1	imbronciarsi*	4
ignorare	1	imbrunire*	19
illanguidire	19	imbucare	2
illudere	31	imburrare	1
illuminare	1	imbustare	1
illustrare	1	imitare	1
imbacuccare	2	immagazzinare	1
imbaldanzire	19	immaginare	1
imballare	1	immatricolare; -rsi*	1
imbalsamare	1	immedesimarsi*	1
imbambolarsi*	1	immergere; -rsi*	38
imbandierare	1	immettere	44
imbandire	19	immigrare*	1
imbarazzare	1	immischiarsi*	6
imbarcare	2	immiserire	19
imbastardire	19	immobilizzare	1
imbastire	19	immolare	1
imbattersi*	8	immortalare	1
imbavagliare	6	immunizzare	1
imbellettare	1	impacchettare	1
imbellire	19	impacciare	4
imbestialirsi*	19	impadronirsi*	19
imbevere; -rsi*	74	impaginare	1
imbiancare	2	impagliare	6
imbiondire	19	impallidire*	19
imbizzarrire*	19	impallinare	1
imboccare	2	impanare	1
imborghesire	19	impantanare; -rsi*	1
imboscare	2	impaperarsi*	1
imbottigliare	6	impappinarsi*	1

imparare	1	impomatare	1
imparentarsi*	1	imporporare	1
impartire	19	imporre; -rsi*	79
impastare	1	importare	1
impataccare	2	importunare	1
impataccarsi*	2	impossessarsi*	1
impaurire	19	impossibilitare	1
impazientirsi*	19	impostare	1
impazzire*	19	impoverire	19
impedire	19	impratichire; -rsi*	19
impegnare; -rsi*	1	imprecare	2
impegolarsi*	1	impregnare	1
impelagarsi*	3	impressionare	1
impellicciare	4	imprestare	1
impennarsi*	1	impreziosire	19
impensierire	19	imprigionare	1
imperare	1	imprimere	41
impermeabilizzare	1	improntare; -rsi*	1
imperniare	6	improvvisare; -rsi*	1
impersonare	1	impugnare	1
imperversare	1	impuntarsi*	1
impiantare	1	impunturare	1
impiastrare	1	imputare	1
impiastricciare	4	imputridire*	19
impiccare	2	inabissarsi*	1
impicciare; -rsi*	4	inacidire	19
impiegare	3	inalare	1
impietosire	19	inalberare	1
impietrire	19	inamidare	1
impigliarsi*	6	inanellare	1
impigliarsi*	6	inarcare	2
impigrire	19	inaridire	19
impigrire	19	inasprire	19
implementare	1	inattivare	1
implicare	2	inaugurare	1
implodere*	31	incacchiarsi*	6
implorare	1	incagliarsi*	6
impollinare	1	incallire	19
impoltronire	19	incalzare	1
impolverare; -rsi*	1	incamerare	1

incamminarsi*	1	inciampare	1
incanalare; -rsi	1	inciampicare	2
incancrenire*	19	incidere	31
incantare	1	incinerare	1
incanutire	19	incipriarsi*	6
incappare*	1	incitare	1
incappucciarsi*	4	incitrullire	19
incapricciarsi*	4	inclinare	1
incapsulare	1	includere	31
incarcerare	1	incollare	1
incaricare; -rsi*	2	incolonnare	1
incarnare	1	incolpare; -rsi*	1
incarnirsi*	19	incombere ()	8
incartare	1	incominciare	4
incartocciare	4	incomodare; -rsi*	1
incartonare	1	incontrare; -rsi*	1
incasellare	1	incoraggiare	5
incasinare	1	incornare	1
incassare	1	incorniciare	4
incastonare	1	incoronare	1
incastrare; -rsi*	1	incorporare	1
incatenare	1	incorrere*	30
incatramare	1	incrementare	1
incattivire	19	increspare	1
incavare	1	incretinire	19
incavolarsi*	1	incriminare	1
incellofanare	1	incrinare; -rsi*	1
incendiare	6	incrociare	4
incenerire	19	incrostare	1
incensare	1	incrudelire	19
incentivare	1	incubare	1
incentrarsi*	1	inculcare	2
inceppare	1	incuneare	1
incerare	1	incupire	19
incerottare	1	incuriosire	19
incespicare	2	incurvare	1
incestare	1	incutere	34
incettare	1	indagare	3
inchinare*	1	indebitarsi*	1
inchiodare	1	indebolire	19

indennizzare	1	infiammare	1
indicare	2	inficiare	4
indicizzare	1	infierire	19
indietreggiare	5	infiggere	43
indignare	1	infilare	1
indire	69	infiltrarsi*	1
indirizzare	1	infilzare	1
indispettire	19	infiocchettare	1
indisporre	79	infischiarsi*	6
individualizzare	1	infittire	19
individuare	1	inflazionare	1
indiziare	6	infliggere	43
indolcire	19	influenzare	1
indolenzire	19	influire	19
indorare	1	influire	19
indossare	1	infoltire	19
indovinare	1	infoltire	19
indugiare	5	infondere	42
indulgere	59	infondere	42
indurire	19	inforcare	2
indurre	67	inforcare	2
industrializzare	1	informare; -rsi*	1
industriarsi*	1	informare; -rsi*	1
inebetire	19	informatizzare	1
inerpicarsi*	2	infornare	1
infagottare	1	infortunarsi*	1
infamare	1	infossare; -rsi*	1
infangare	3	infradiciare	4
infarcire	19	inframmischiare	6
infarinare	1	infrangere	32
infastidire	19	infreddolirsi*	19
infatuarsi*	1	infuocare; -rsi*	2
infeltrire	19	infuriare	6
inferire	61	ingabbiare	6
inferocire	19	ingaggiare	5
infervorare	1	ingannare; -rsi*	1
infestare	1	ingarbugliare	6
infetidire*	19	ingegnarsi*	1
infettare	1	ingelosire	19
infiacchire	19	ingentilire	19

ingerire	19	inorgoglire	19
ingessare	1	inquadrare	1
inghiottire	19	inquietare; -rsi*	1
inghirlandare	1	inquinare	1
ingiallire	19	inquisire	19
ingigantire	19	insabbiare; -rsi*	6
inginocchiarsi*	6	insaccare	2
ingioiellare	1	insacchettare	1
ingiungere	32	insanguinare	1
ingiuriare	6	insaponare	1
inglobare	1	insaporire	19
ingoiare	6	inscatolare	1
ingolfare	1	inscenare	1
ingolosire	19	insediarsi*	6
ingombrare	1	insegnare	1
ingorgare; -rsi*	3	inseguire	19
ingozzare	1	inselvatichire	18
ingranare	1	inseminare	1
ingrandire	19	inserire	19
ingrassare	1	insidiare	6
ingravidare	1	insignire	19
ingraziarsi*	6	insinuare	1
ingrippare	1	insistere	39
ingrossare	1	insonorizzare	1
ingurgitare	1	insorgere*	48
inibire	19	insospettire; -rsi*	19
iniettare	1	insozzare	1
inimicarsi*	2	inspirare	1
inizializzare	1	installare	1
iniziare	6	instaurare	1
innaffiare	6	instillare	1
innalzare	1	insudiciare	4
innamorarsi*	1	insultare	1
inneggiare	5	insuperbire	19
innervosire	19	intaccare	2
innescare	2	intagliare	6
innestare	1	intarsiare	6
innevare	1	intasare	1
inoltrare; -rsi*	1	intascare	2
inondare	1	intavolare	1

© Forza! Verbtabellen

integrare	1	intonacare	2
intelaiare	6	intonare	1
intendere	49	intontire	19
intenerire	19	intoppare*	1
intensificare	2	intorbidare	1
intentare	1	intorbidire	19
interagire*	19	intorpidire	19
intercalare	1	intossicare	2
intercambiare	6	intralciare	4
intercedere	8	intrallazzare	1
intercettare	1	intramezzare	1
interconnettere	24	intrappolare	1
intercorrere*	30	intraprendere	49
interdire	69	intrattenere; -rsi*	87
interessare; -rsi*	1	intravedere	16
interferire	19	intrecciare	4
interiorizzare	1	intricare	2
interloquire	19	intridere	31
internare	1	intrigare	3
internazionalizzare	1	intristire*	19
interpellare	1	introdurre; -rsi*	67
interpolare	1	introitare	1
interporre	79	intromettersi*	44
interpretare	1	intronare	1
interrare	1	intrudere	31
interrogare	3	intrufolarsi*	1
interrompere	53	intrupparsi*	1
intersecare	2	intubare	1
intervallare	1	intubettare	1
intervenire*	90	intuire	19
intervistare	1	inumare	1
intestardirsi*	19	inumidire	19
intestare	1	invadere	31
intiepidire	19	invaghirsi*	19
intimare	1	invalere*	89
intimidire	19	invalidare	1
intingere	19	invasare	1
intingere	32	invecchiare	6
intirizzire	19	inveire	19
intitolare	1	invelenire	19

© Forza! Verbtabellen

inventare	1	irretire	19
inventariare	6	irrigare	3
invertire	80	irrigare	3
investigare	3	irrigidire; -rsi*	19
investire	18	irritare	1
inviare	7	irrobustire	19
invidiare	6	irrompere ()	53
invigorire	19	irrorare	1
inviluppare	1	irruvidire	19
inviperirsi*	19	iscrivere; -rsi*	55
invitare	1	isolare	1
invocare	2	ispessire	19
invogliare	6	ispezionare	1
involgere	59	ispirare	1
inzeppare	1	isterilire	19
inzuppare	1	istigare	3
ipnotizzare	1	istituire	19
ipotecare	2	istituzionalizzare	1
ipotizzare	1	istoriare	6
ironizzare	1	istradare	1
irradiare	6	istruire	19
irraggiare	5	istupidire	19
irrancidire*	19	italianizzare	1
irreggimentare	1		

L

laccare	2	languire	19
lacerare	1	lapidare	1
lacrimare	1	lapidificare	2
lagnarsi*	1	lappare	1
laicizzare	1	largheggiare	5
lambiccarsi*	2	lasciare	4
lambire	19	lastricare	2
lamentare; -rsi*	1	latitare*	1
laminare	1	latrare	1
lampeggiare	5	laureare; -rsi*	1
lanciare; -rsi*	4	lavare; -rsi*	1

lavorare	1	liofilizzare	1
lavoricchiare	6	liquefare	73
leccare	2	liquidare	1
ledere	31	lisciare	4
legalizzare	1	litare	1
legare	3	litigare	3
leggere	43	litografare	1
leggiucchiare	6	livellare	1
legiferare	1	localizzare	1
legittimare	1	locare	2
lenire	19	lodare	1
lesinare	1	logorare	1
lesionare	1	lordare	1
lessare	1	lottare	1
levare	1	lottizzare	1
levigare	3	lubrificare	2
levitare	1	luccicare	2
liberalizzare	1	lucidare	1
liberare; -rsi*	1	lucrare	1
licenziare	6	lusingare	3
lievitare*	1	lussare	1
limare	1	lussureggiare	5
limitare	1	lustrare	1
linciare	4		

M

macchiare	6	malmenare	1
macchinare	1	maltrattare	1
macellare	1	malversare	1
macerare	1	mancare	2
macinare	1	mandare	1
maciullare	1	maneggiare	5
maggiorare	1	manganellare	1
magnetizzare	1	**mangiare**	5
magnificare	2	mangiucchiare	6
maledire	69	manifestare	1
malignare	1	manipolare	1

manomettere	44	meritare	1
manovrare	1	merlettare	1
mansuefare	73	mescere	8
mantenere	87	mescolare	1
marcare	2	mestare	1
marchiare	6	metabolizzare	1
marciare	4	metallizzare	1
marcire*	19	metamorfosare	1
mareggiare	5	metanizzare	1
marginare	1	metodizzare	1
marinare	1	**mettere**; -rsi*	44
maritare	1	miagolare	1
martellare	1	microfilmare	1
martellinare	1	mietere	8
martirizzare	1	migliorare	1
martoriare	6	migrare*	1
mascherare	1	militare	1
mascolinizzare	1	militarizzare	1
massacrare	1	millantare	1
massaggiare	5	millimetrare	1
massificare	2	mimare	1
massimizzare	1	mimetizzare	1
masterizzare	1	minacciare	4
masticare	2	minare	1
masturbare	1	mineralizzare	1
materializzare	1	miniaturizzare	1
maturare	1	minimizzare	1
meccanizzare	1	miracolare	1
mediare	6	mirare	1
medicare	2	miscelare	1
meditare	1	mischiare	6
memorizzare	1	misconoscere	29
menare	1	mistificare	2
mendicare	2	misurare	1
menomare	1	mitigare	3
mentire	19	mitizzare	1
menzionare	1	mitragliare	6
meravigliare; -rsi*	6	mixare	1
mercanteggiare	5	mobilitare	1
mercificare	2	mobilizzare	1

modellare	1	morsicchiare	6
moderare	1	mortificare	2
modernizzare; -rsi*	1	mostrare	1
modificare; -rsi*	2	motivare	1
modulare	1	motorizzare	1
molare	1	movimentare	1
molestare	1	mozzare	1
mollare	1	muggire	19
molleggiare	5	mugolare	1
moltiplicare	2	mugugnare	1
mondare	1	mulinare	1
mondializzare	1	multare	1
monetizzare	1	mummificare	2
monitorare	1	mungere	32
monopolizzare	1	municipalizzare	1
montare	1	munire	19
moraleggiare	5	**muovere**; -rsi*	45
moralizzare	1	murare	1
mordere	31	musicare	2
mordicchiare	6	mutare	1
morire*	75	mutilare	1
mormorare	1	mutuare	1
morsicare	2		

N

narcotizzare	1	negligere	33
narrare	1	negoziare	6
nascere*	46	neutralizzare	1
nascondere; -rsi*	52	nevicare	2
naturalizzare	1	nevischiare	6
naufragare	3	nidificare	2
nauseare	1	ninnare	1
navigare	3	nitrire	19
nazionalizzare	1	nobilitare; -rsi*	1
nebulizzare	1	noleggiare	5
necessitare	1	nominare	1
negare; -rsi*	3	normalizzare; -rsi*	1

notare	1	**nuocere**	12
notificare	2	nuotare	1
nuclearizzare	1	nutrire; -rsi*	19
numerare	1		

O

obbedire	19	oppugnare	1
obbiettare	1	optare	1
obbligare	3	orbitare*	1
obliare	7	orchestrare	1
obliterare	1	ordinare	1
occasionare	1	ordire	19
occludere	31	organizzare	1
occorrere*	30	orientare; -rsi*	1
occultare	1	originare	1
occupare; -rsi*	1	origliare	6
odiare	7	orinare	1
odorare	1	orlare	1
offendere	49	ormeggiare	5
officiare	4	ornare	1
offrire	60	osannare	1
offuscare	2	osare	1
oggettivare	1	oscillare	1
olezzare	1	oscurare	1
oliare	6	ospedalizzare	1
oltraggiare	5	ospitare	1
oltrepassare	1	ossequiare	6
omettere	44	osservare	1
omogeneizzare	1	ossessionare	1
omologare	3	ossidare; -rsi*	1
ondeggiare	5	ossigenare	1
ondulare	1	ostacolare	1
onerare	1	ostare	1
onorare	1	osteggiare	5
operare	1	ostentare	1
opporre; -rsi*	79	ostinarsi*	1
opprimere	41	ostruire	19

© Forza! Verbtabellen

ottemperare	1	ovalizzare	1
ottenere	87	ovattare	1
ottimizzare	1	ovviare	7
otturare	1	oziare	1

P

pacificare	2	partire*	18
padroneggiare	5	partorire	19
pagare	3	parzializzare	1
palesare; -rsi*	1	pascolare	1
palleggiare	5	passare	1
palpare	1	passeggiare	5
paludare	1	pasteggiare	5
panificare	2	pasticciare	4
pappare	1	pastificare	2
paracadutare	1	pastorizzare	1
paraffinare	1	patinare	1
parafrasare	1	patire*	19
paragonare	1	patrocinare	1
paralizzare	1	patteggiare	5
parametrizzare	1	pattinare	1
parare	1	pattugliare	6
parare	1	pattuire	19
parcellizzare	1	pavesare	1
parcellizzare	1	pavimentare	1
parcheggiare	5	pavoneggiarsi*	5
pareggiare	5	pazientare	1
parere*	76	peccare	2
parificare	2	pedagogizzare	1
parlamentare	1	pedalare	1
parlare	1	pedinare	1
parlottare	1	pedonalizzare	1
parlucchiare	6	peggiorare	1
parodiare	6	pelare; -rsi*	1
partecipare	1	penalizzare	1
parteggiare	5	penare	1
particolareggiare	5	pendere	8

pennellare	1	pesare	1
pensare	1	pescare	2
pensionare	1	pestare	1
pentirsi*	18	pettegolare	1
penzolare	1	pettinare; -rsi*	1
pepare	1	**piacere***	78
percentualizzare	1	piagnucolare	1
percepire	19	piallare	1
percorrere	30	piangere	32
percuotere	56	pianificare	2
perdere; -rsi*	47	piantare	1
perdonare; -rsi*	1	piantonare	1
perdurare	1	piastrellare	1
peregrinare	1	piazzare	1
perequare	1	picchettare	1
perfezionare; -rsi*	1	picchiare	6
perforare; -rsi*	1	picchierellare	1
perifrasare	1	picchiettare	1
perire*	19	picconare	1
periziare	6	piegare	3
perlustrare	1	pieghettare	1
permanere*	81	pietrificare	2
permeare	1	pigiare	5
permettere; -rsi*	44	pigliare	6
permutare	1	pigmentare	1
pernottare	1	pignorare	1
perorare	1	pigolare	1
perpetrare	1	pilotare	1
perquisire	19	piluccare	2
perseguire	18	pinzare	1
perseguitare	1	piombare	1
perseverare	1	**piovere**	77
persistere	39	piovigginare	1
personalizzare	1	piroettare	1
personificare	2	pisciare	4
persuadere	31	pitturare	1
perturbare; -rsi*	1	pizzicare	2
pervadere	31	placare	2
pervenire*	90	plagiare	5
pervertire	18	planare	1

plasmare	1	precettare	1
plasticare	2	precipitare	1
plastificare	2	precisare	1
platinare	1	precludere	31
plissettare	1	preconfezionare	1
poetare	1	preconizzare	1
poggiare	5	precorrere	30
polarizzare	1	precostituire	19
polemizzare	1	predare	1
policromare	1	predestinare	1
politicizzare	1	predicare	2
poltrire	19	prediligere	33
polverizzare	1	predire	69
pompare	1	predisporre	79
ponderare	1	predominare	1
pontificare	2	preesistere*	39
popolare	1	prefabbricare	2
poppare	1	prefare	1
porgere	48	prefazionare	1
porre	79	preferire	19
portare	1	prefigger; -rsi*	43
posare	1	prefigurare	1
posizionare; -rsi*	1	prefinanziare	6
posporre	79	prefissare	1
possedere	13	pregare	3
postdatare	1	pregiudicare	2
posteggiare	5	pregustare	1
posticipare	1	prelevare	1
postulare	1	preludere	31
potabilizzare	1	premeditare	1
potare	1	premere	8
potenziare	6	premettere	44
potere	80	premiare	7
pranzare	1	premunire	19
praticare	2	**prendere**	49
preannunciare	4	prenotare	1
preannunziare	6	preoccupare; -rsi*	1
preavvertire	18	preordinare	1
preavvisare	1	preparare; -rsi*	1
precedere	8	preporre	79

© Forza! Verbtabellen

presagire	19	profanare	1
prescaldare	1	proferire	19
prescegliere	83	professare	1
prescindere	8	professionalizzare	1
prescrivere	55	profetizzare	1
presegnalare	1	profilare; -rsi*	1
preselezionare	1	profittare	1
presentare; -rsi*	1	profonder; -rsi*	42
presentire	18	profumare	1
presenziare	6	progettare	1
preservare	1	programmare	1
presidiare	7	progredire	19
presiedere	8	proibire	19
pressare	1	proiettare	1
pressurizzare	1	proliferare	1
prestabilire	19	prolificare	2
prestare; -rsi*	1	prolungare; -rsi*	2
presumere	26	promettere; -rsi*	44
presupporre	79	promozionare	1
pretendere	49	promulgare	3
prevalere	89	promuovere	45
prevaricare	2	pronosticare	2
prevedere	16	pronunciare; -rsi*	4
prevenire	90	pronunziare; -rsi*	6
preventivare	1	propagandare	1
prezzare	1	propagare	3
primeggiare	5	propendere	49
privare; -rsi*	1	propinare	1
privatizzare	1	propiziare	6
privilegiare	5	proporre; -rsi*	79
problematizzare	1	proporzionare	1
procacciare	4	propugnare	1
procedere	8	prorogare	3
processare	1	prorompere	53
proclamare	1	prosciogliere	83
procrastinare	1	prosciugare	3
procreare	1	proscrivere	55
procurare; -rsi*	1	proseguire	18
prodigare; -rsi*	3	prosperare	1
produrre	67	prospettare; -rsi*	1

prosternarsi*	1	pubblicizzare	1
prostituire; -rsi*	19	pugnalare	1
proteggere; -rsi*	43	pugnolare	1
protendere	49	pulire	19
protestare	1	pullulare	1
protocollare	1	pulsare	1
protrarre	88	punire	19
provare	1	puntare	1
provenire*	90	puntellare	1
provincializzarsi*	1	puntualizzare	1
provocare	2	punzecchiare	6
provvedere	16	punzonare	1
prudere ()		purgare	3
psicanalizzare	1	purificare	2
psichiatrizzare	1	putrefare*	1
pubblicare	2	puzzare	1

Q

quadrare	1	questionare	1
quadripartire	19	questuare	1
quadruplicare	2	quietanzare	1
qualificare; -rsi*	2	quietare	1
quantificare	2	quotare	1
querelare	1	quotizzare	1

R

rabberciare	4	raccogliere	83
rabbonire	19	raccomandare; -rsi*	1
rabbrividire*	19	raccomodare	1
rabbuiare*	6	raccontare	1
raccapezzare; -rsi*	1	raccorciare	4
raccapricciare*	4	raccordare	1
raccattare	1	racimolare	1
racchettare	1	raddensare	1
racchiudere	31	raddolcire; -rsi*	19

© Forza! Verbtabellen

raddoppiare	6	randomizzare	1
raddrizzare	1	rannicchiarsi*	6
radere	31	rannodare	1
radiare	7	rannuvolare	1
radicalizzare	1	rantolare	1
radicare*	2	rapare	1
radiocomandare	1	rapinare	1
radiodiffondere	42	rapire	19
radiografare	1	rappacificare	2
radiotrasmettere	44	rappezzare	1
radunare	1	rapportare	1
raffazzonare	1	rapprendere	49
raffigurare	1	rappresentare	1
raffinare	1	rarefare	73
rafforzare	1	rasare	1
raffreddare	1	raschiare	6
raggelare	1	raschiettare	1
raggiare	5	rasentare	1
raggirare	1	raspare	1
raggiungere	32	rassegnare; -rsi*	1
raggiuntare	1	rasserenare	1
raggiustare	1	rassettare	1
raggomitolare; -rsi*	1	rassicurare; -rsi*	1
raggranellare	1	rassodare	1
raggrinzire	19	rassomigliare	6
raggrottare	1	rastrellare	1
raggrumare	1	rateare	1
raggruppare	1	rateizzare	1
ragguagliare	6	ratificare	2
ragionare	1	rattizzare	1
ragliare	6	rattrappare	1
rallegrare; -rsi*	1	rattrappire	19
rallentare; -rsi*	1	rattristare	1
ramificare; -rsi*	2	ravvedersi*	16
rammaricare; -rsi*	2	ravvivare	1
rammendare	1	ravvolgere	59
rammentare	1	razionalizzare	1
rammodernare	1	razionare	1
rammollire	19	razziare	6
randellare	1	razzolare	1

reagire	19	relegare	3
realizzare	1	remare	1
recalcitrare	1	remunerare	1
recapitare	1	rendere; -rsi*	49
recare; -rsi*	2	reperire	19
recedere	8	replicare	2
recensire	19	reprimere	41
recepire	19	reputare	1
recidere	31	requisire	19
recidivare	1	resettare	1
recingere	32	resistere	39
recintare	1	respingere	32
recitare	1	respirare	1
reclamare	1	responsabilizzare	1
reclamizzare	1	restare*	1
reclinare	1	restaurare	1
reclutare	1	restituire	19
recriminare	1	restringere	57
recuperare	1	retribuire	19
redarguire	19	retrocedere	28/8
redigere	50	retrodatare	1
redimere	51	rettificare	2
redistribuire	19	revisionare	1
referenziare	6	revocare	2
refrigerare	1	riabilitare	1
regalare	1	riaccompagnare	1
reggere	43	riacquistare	1
regionalizzare	1	riaffacciarsi*	4
registrare; -rsi*	1	riaffermare; -rsi*	1
regnare	1	riafferrare	1
regolamentare	1	riagganciare	4
regolare	1	riaggiustare	1
regolarizzare	1	riallacciare	4
regredire*	19	rialzare	1
reincarnarsi*	1	riandare*	62
reinterpretare	1	rianimare; -rsi*	1
reinvestire	18	riappacificare	2
reiterare	1	riappropriarsi*	1
relativizzare	1	riasfaltare	1
relazionare	1	riassestare	1

riassicurare	1	riconoscere	29
riassumere	26	riconquistare	1
riattare	1	riconsegnare	1
riattivare	1	riconsiderare	1
riavere	64	ricontrollare	1
riavvicinare	1	riconvertire	18
riavvolgere	59	ricordare; -rsi*	1
ribadire	19	ricorrere*	30
ribaltare	1	ricostituire	19
ribassare	1	ricoverare	1
ribattere	8	ricredersi*	8
ribattezzare	1	ricrescere*	29
ribellarsi*	1	ricuocere	10
ribollire	18	ricusare	1
ributtare	1	ridacchiare	6
ricacciare	4	ridare	68
ricalcare	2	ridefinire	19
ricalcitrare	1	ridere	28
ricamare	1	ridicolizzare	1
ricambiare; -rsi*	6	ridimensionare	1
ricapitolare	1	ridire	69
ricaricare	2	ridisegnare	1
ricattare	1	ridisporre	79
ricavare	1	ridistribuire	19
ricercare	2	ridomandare	1
ricettare	1	ridondare*	1
ricevere	8	ridurre	67
richiamare	1	riecheggiare	5
richiedere	27	rieducare	2
richiudere	31	rielaborare	1
riciclare	1	riempire	66
riclassificare	2	rientrare*	1
ricollegare	3	riepilogare	3
ricolmare	1	riesaminare	1
ricolorire	19	riesumare	1
ricominciare	4	rievocare	2
ricompensare	1	rifare	73
ricomprare	1	riferire; -rsi*	19
riconciliare	7	rifilare	1
ricondurre	67	rifinanziare	6

© Forza! Verbtabellen

rifinire	19	rimboscare	2
rifiutare; -rsi*	1	rimboschire	19
riflettere	24/8	rimbrottare	1
rifluire*	19	rimediare	6
rifocillare	1	rimescolare	1
rifondere	42	rimestare	1
riformare; -rsi*	1	rimettere	44
riformulare	1	rimirare	1
rifornire	19	rimisurare	1
rifrangere	32	rimodellare	1
rifugiarsi*	5	rimodernare	1
rifulgere	38	rimontare	1
rigare	3	rimorchiare	6
rigenerare	1	rimordere	31
rigettare	1	rimpastare	1
rigirare	1	rimpatriare	6
rigonfiare; -rsi*	6	rimpiangere	32
rigovernare	1	rimpiattarsi*	1
riguadagnare	1	rimpiazzare	1
riguardare; -rsi*	1	rimpicciolire	19
rigurgitare	1	rimpinguare	1
rilanciare	4	rimpinzare	1
rilasciare	4	rimpolpare	1
rilassare	1	rimproverare	1
rilegare	3	rimuginare	1
rilevare	1	rimunerare	1
rilimare	1	rimuovere	45
rimandare	1	rinascere*	46
rimaneggiare	5	rincalzare	1
rimanere*	81	rincarare	1
rimangiare; -rsi*	5	rincasare*	1
rimarcare	2	rinchiudere	31
rimare	1	rincorrere	30
rimarginare	1	rincrescere*	29
rimbalzare	1	rincretinire	19
rimbambire	19	rinculare	1
rimbecillire	19	rincuorare	1
rimboccare	2	rinfacciare	4
rimbombare	1	rinforzare	1
rimborsare	1	rinfrancare	2

© Forza! Verbtabellen

rinfrescare	2	riprodurre; -rsi*	67
ringhiare	6	ripromettere	44
ringiovanire	19	riproporre; -rsi*	79
ringraziare	6	riprovare	1
rinnegare	3	ripudiare	6
rinnovare	1	ripugnare	1
rinsaldare	1	ripulire	19
rinsanguare	1	riqualificare	2
rinsavire*	19	risalire	21
rinsecchire*	19	risaltare	1
rinserrare	1	risanare	1
rintoccare	2	risapere	82
rintontire	19	risarcire	19
rintracciare	4	riscaldare	1
rintronare	1	riscattare	1
rintuzzare	1	rischiarare	1
rinunciare	4	rischiare	6
rinunziare	6	rischiarire*	19
rinvenire	90	risciacquare	1
rinverdire	19	riscontare	1
rinviare	7	riscontrare	1
rinvigorire	19	riscrivere	55
riordinare	1	riscuotere	56
ripagare	3	risedere	8
riparare	1	risentire	18
ripartire*	18	riservare	1
ripassare	1	risistemare	1
ripensare	1	risolvere	25
ripercorrere	30	risorgere*	48
ripercuotere; -rsi*	56	risparmiare	6
ripesare	1	rispecchiare	6
ripescare	2	rispedire	19
ripetere; -rsi*	8	rispettare	1
ripianare	1	risplendere ()	49
ripiegare	3	rispolverare	1
riplasmare	1	**rispondere**	52
riporre	79	rispuntare*	1
riposare; -rsi*	1	ristabilire	19
riprendere; -rsi*	49	ristagnare	1
ripristinare	1	ristampare	1

ristorare	1	rivestire	18
ristrutturare	1	rivincere	58
risucchiare	6	rivitalizzare	1
risultare*	1	rivivere	17
risuolare	1	rivolere	91
risuonare	1	rivolgere; -rsi*	59
risuscitare	1	rivoltare	1
risvegliare; -rsi*	6	rivoluzionare	1
risvoltare	1	rizzare	1
ritagliare	6	robotizzare	1
ritardare	1	rodere	31
ritemprare	1	rogitare	1
ritenere	87	rollare	1
ritirare	1	rombare	1
ritmare	1	**rompere**	53
ritoccare	2	ronfare	1
ritorcere	58	ronzare	1
ritornare*	1	rosicchiare	6
ritrarre	88	rosolare	1
ritrattare	1	roteare	1
ritrovare	1	rotolare	1
ritualizzare	1	rovesciare	4
riunire; -rsi*	19	rovinare	1
riuscire*	23	rovistare	1
rivaleggiare	5	rubacchiare	6
rivalersi*	89	rubare	1
rivalorizzare	1	ruggire	19
rivalutare	1	rullare	1
rivangare	3	ruminare	1
rivedere	16	rumoreggiare	5
rivelare	1	ruotare	1
rivendicare	2	russare	1
rivenire*	90	ruttare	1
riverire	19	ruzzolare	1
riversare	1		

S

sabotare	1	sbandierare	1
saccheggiare	5	sbaraccare	2
sacramentare	1	sbaragliare	6
sacrificare	2	sbarazzare	1
saggiare	5	sbarbare	1
sagomare	1	sbarcare	2
salare	1	sbarrare	1
salariare	6	sbattere	8
salassare	1	sbavare	1
saldare	1	sbeccucciare	4
salire*	21	sbeffeggiare	5
salpare	1	sbendare	1
saltare	1	sbiadire	19
saltellare	1	sbiancare	2
salterellare	1	sbigottire	19
salutare	1	sbilanciare; -rsi*	4
salvaguardare	1	sbirciare	4
salvare; -rsi*	1	sbizzarrirsi*	19
sanare	1	sbloccare	2
sanguinare	1	sbobinare	1
sanificare	2	sboccare*	2
sanificare	2	sbocciare*	4
sanzionare	1	sbocconcellare	1
sapere	82	sbollire	19
sarchiare	6	sbolognare	1
satinare	1	sborsare	1
saturare	1	sbottare*	1
saziare	6	sbottonare	1
sbaciucchiare	6	sbozzare	1
sbadigliare	6	sbracciarsi*	4
sbagliare; -rsi*	6	sbraitare	1
sballare	1	sbranare	1
sballottare	1	sbrattare	1
sbalordire	19	sbreccare	2
sbalzare	1	sbrecciare	4
sbancare	2	sbriciolare	1
sbandare	1	sbrigare; -rsi*	3

sbrinare	1	scarabocchiare	6
sbrindellare	1	scaraventare	1
sbrodolare	1	scarcerare	1
sbrogliare	6	scardinare	1
sbronzarsi*	1	scaricare	2
sbucare*	2	scarnificare	2
sbucciare; -rsi*	4	scarnire	19
sbudellare	1	scarrozzare	1
sbuffare	1	scarseggiare	5
sburocratizzare	1	scartabellare	1
scacciare	4	scartare	1
scadere*	9	scartavetrare	1
scagionare	1	scartocciare	4
scagliare	6	scassare	1
scaglionare	1	scassinare	1
scalare	1	scatarrare	1
scalciare	4	scatenare	1
scaldare	1	scattare	1
scalfire	19	scaturire*	19
scalmanarsi*	1	scavalcare	2
scalpellare	1	scavare	1
scalpitare	1	scazzottare	1
scalvare	1	scegliere	83
scambiare	6	scemare*	1
scamosciare	4	scendere*	49
scampanare	1	sceneggiare	5
scampanellare	1	scentrare	1
scampare	1	scervellarsi*	1
scandagliare	6	schedare	1
scandalizzare	1	scheggiare	5
scandire	19	schematizzare	1
scandire	19	schermare	1
scannare	1	schermire	19
scannare	1	schernire	19
scannerizzare	1	scherzare	1
scannerizzare	1	schettinare	1
scansare; -rsi*	1	schiacciare	4
scantonare	1	schiaffeggiare	5
scapigliare	6	schiamazzare	1
scappare*	1	schiantare	1

© Forza! Verbtabellen

schiarire	19	scombinare	1
schiavizzare	1	scombussolare	1
schierare; -rsi*	1	scommettere	44
schifare	1	scomodare	1
schioccare	2	scompaginare	1
schiodare	1	scompagnare	1
schiudere	31	scomparire*	63
schiumare	1	scompensare	1
schivare	1	scompigliare	6
schizzare	1	scomporre; -rsi*	79
sciacquare	1	scomunicare	2
scialacquare	1	sconcertare	1
scialare	1	sconfessare	1
sciamare	1	sconfiggere	43
sciare	7	sconfinare	1
scimmiottare	1	sconfortare	1
scindere	54	scongelare	1
scintillare	1	scongiurare	1
scioccare	2	sconnettere	24
sciogliere	83	sconsacrare	1
sciolinare	1	sconsigliare	6
scioperare	1	scontare	1
sciorinare	1	scontentare	1
scippare	1	scontrarsi*	1
sciroppare	1	sconvolgere	59
sciupare	1	scopare	1
scivolare*	1	scoperchiare	6
sclerosare	1	scopiazzare	1
scoccare	2	scoppiare*	6
scocciare	4	scoppiettare	1
scodinzolare	1	scoprire	60
scolare	1	scoraggiare	5
scolarizzare	1	scordare	1
scollare	1	scorgere	48
scollegare	3	scorporare	1
scolorare	1	scorrazzare	1
scolorire	19	scorrere	30
scolpare	1	scorticare	2
scolpire	19	scoscendere*	49
scombaciare	4	scostare	1

scotennare	1	segmentare	1
scottare	1	segnalare	1
scovare	1	segnare	1
screditare	1	seguire	18
scremare	1	seguitare	1
screpolare	1	selciare	4
screziare	6	selezionare	1
scricchiolare	1	sellare	1
scritturare	1	semaforizzare	1
scrivere	55	semantizzare	1
scroccare	2	sembrare*	1
scrollare	1	seminare	1
scrosciare	4	semplificare	2
scrostare	1	sensibilizzare; -rsi*	1
scrutare	1	sentenziare	6
scrutinare	1	**sentire**; -rsi*	18
scucire	20	separare; -rsi*	1
sculacciare	4	seppellire	19
sculettare	1	sequestrare	1
scuocersi*	10	serbare	1
scuoiare	6	serpeggiare	5
scuotere	56	serrare	1
scurire; -rsi*	19	servire; -rsi*	18
scusare; -rsi*	1	sestuplicare	2
sdaziare	6	setacciare	4
sdebitare	1	settare	1
sdegnare	1	seviziare	6
sdoganare	1	sezionare	1
sdoppiare	6	sfaccendare	1
sdrammatizzare	1	sfaccettare	1
sdrucciolare	1	sfacchinare	1
sdrucire	19	sfaldare	1
seccare	2	sfalsare	1
secernere	8	sfamare	1
secondare	1	sfasare	1
sedare	1	sfasciare	4
sedere; -rsi*	13	sfatare	1
sedimentare	1	sfavorire	19
sedurre	67	sfebbrare*	1
segare	3	sfegatarsi*	1

sferrare	1	sgangherare	1
sferruzzare	1	sgarrare	1
sferzare	1	sgasare	1
sfiancare	2	sgassare	1
sfibrare	1	sgattaiolare*	1
sfidare	1	sgelare	1
sfiduciare	4	sghignazzare	1
sfigurare	1	sgobbare	1
sfilacciare	4	sgocciolare	1
sfilare	1	sgolarsi*	1
sfilettare	1	sgombrare	1
sfinire	19	sgomentare	1
sfiorare	1	sgominare	1
sfiorire*	19	sgomitare	1
sfocare	2	sgomitolare	1
sfociare	4	sgommare	1
sfoderare	1	sgonfiare	6
sfogare	3	sgorgare	3
sfoggiare	5	sgozzare	1
sfogliare	6	sgranare	1
sfolgorare	1	sgranchire	19
sfollare	1	sgranellare	1
sfoltire	19	sgranocchiare	6
sfondare	1	sgrassare	1
sforbiciare	4	sgravare	1
sformare	1	sgretolare	1
sfornare	1	sgridare	1
sforzare	1	sgrovigliare	6
sfottere	8	sguainare	1
sfracellare	1	sgualcire	19
sfrecciare*	4	sguazzare	1
sfregare	3	sguinzagliare	6
sfregiare	5	sgusciare	4
sfrondare	1	shakerare	1
sfruttare	1	shoccare	2
sfruttare	1	sibilare	1
sfuggire	18	sigillare	1
sfumare	1	siglare	1
sgambettare	1	significare	2
sganciare	4	siliconare	1

sillabare	1	smazzare	1
silurare	1	smembrare	1
simboleggiare	5	smentire; -rsi*	19
simbolizzare	1	smerciare	4
simpatizzare	1	smerigliare	6
simulare	1	smettere	44
sincerarsi*	1	smidollare	1
sincopare	1	smilitarizzare	1
sincronizzare	1	sminare	1
sindacare	2	sminuire	19
singhiozzare	1	sminuzzare	1
sinistrare	1	sminuzzolare	1
sintetizzare	1	smistare	1
sintonizzare; -rsi*	1	smitizzare	1
siringare	3	smobilitare	1
sistemare; -rsi*	1	smobilizzare	1
sistematizzare	1	smollare	1
situare; -rsi*	1	smontare	1
slacciare	4	smorzare	1
slanciarsi*	4	smottare*	1
slattare	1	smuovere	45
slegare	3	smussare	1
slittare	1	snaturare	1
slogarsi*	1	snellire	19
sloggiare	5	snervare	1
smacchiare	6	snidare	1
smagliarsi*	6	sniffare	1
smagnetizzare	1	snobbare	1
smagrire	19	snocciolare	1
smaliziare	6	snodare	1
smaltare	1	sobbalzare	1
smaltire	19	sobbarcarsi*	2
smanettare	1	sobillare	1
smangiare	5	socchiudere	31
smaniare	6	soccombere ()	8
smantellare	1	soccorrere	30
smarcare	2	socializzare	1
smarrire; -rsi*	19	**soddisfare**	84
smascherare	1	soffermarsi*	1
smaterializzare	1	soffiare	6

© Forza! Verbtabellen

soffocare	2	soprastare*	86
soffriggere	43	soprattassare	1
soffrire	60	sopravvalutare	1
sofisticare	2	sopravvenire*	90
sogghignare	1	sopravvivere*	17
soggiacere	78	sopreccedere	8
soggiogare	3	soprintendere	49
soggiornare	1	sorbire	19
soggiungere	32	sorgere*	48
sognare	1	sormontare	1
solcare	2	sorpassare	1
soleggiare	5	sorprendere	49
solennizzare	1	sorreggere	43
solere ()	85	sorridere	31
solfeggiare	5	sorseggiare	5
solidarizzare	1	sorteggiare	5
solidificare	2	sortire*	19
sollazzare	1	sorvegliare	6
sollecitare	1	sorvolare	1
solleticare	2	sospendere	49
sollevare	1	sospettare	1
somatizzare	1	sospingere	32
somigliare	6	sospirare	1
sommare	1	sostare	1
sommergere	38	sostenere	87
somministrare	1	sostentare	1
sondare	1	sostituire	19
sonnecchiare	6	sottendere	49
sonorizzare	1	sotterrare	1
sopire	19	sottilizzare	1
sopperire	19	sottintendere	49
soppesare	1	sottoalimentare	1
soppiantare	1	sottoesporre	79
sopportare	1	sottolineare	1
sopprimere	41	sottomettere	44
sopraelevare; -rsi*	1	sottoporre	79
sopraffare	73	sottoscrivere	55
sopraggiungere*	32	sottostare*	86
soprannominare	1	sottotitolare	1
soprassedere	13	sottovalutare	1

sottrarre; -rsi*	88	spedire	19
soverchiare	6	**spegnere**	14
sovrabbondare	1	spelacchiare	6
sovraccaricare	2	spelare; -rsi*	1
sovraesporre	79	spellare; -rsi*	1
sovraffaticarsi*	2	spendere	49
sovralimentare	1	spennacchiare	6
sovrappopolare	1	spennare	1
sovrintendere	49	sperare	1
sovvenzionare	1	sperequare	1
sovvertire	18	spergiurare	1
spaccare	2	sperimentare	1
spacciare	4	speronare	1
spagliare	6	sperperare	1
spaiare	6	spersonalizzare	1
spalancare	2	spesare	1
spalare	1	spettare*	1
spalleggiare	5	spettegolare	1
spalmare	1	spettinare	1
spandere	8	speziare	6
spappolare	1	spezzare	1
sparare	1	spezzettare	1
sparecchiare	6	spiacere*	78
spargere	38	spianare	1
sparire*	19	spiare	7
sparlare	1	spiattellare	1
sparpagliare	6	spiazzare	1
spartire	19	spiccare	2
spasimare	1	spicciare	4
spassarsi*	1	spiegare	3
spaurire	19	spiegazzare	1
spaventare; -rsi*	1	spifferare	1
spaziare	6	spigolare	1
spazientirsi*	19	spillare	1
spazzare	1	spinare	1
spazzolare	1	spingere	32
specchiarsi*	6	spintonare	1
specializzare; -rsi*	1	spiovere	77
specificare	2	spirare	1
speculare	1	spiumare	1

splendere ()	49	squillare	1
spodestare	1	squinternare	1
spogliare	6	squittire	19
spolpare	1	sradicare	2
spolverare	1	sragionare	1
spolverizzare	1	srotolare	1
sponsorizzare	1	stabilire; -rsi*	19
spopolare	1	stabilizzare	1
sporcare; -rsi*	2	staccare	2
sporgere	48	stagionare	1
sposare; -rsi*	1	stagliarsi*	6
spossare	1	stagnare	1
spossessare	1	stampare	1
spostare; -rsi*	1	stanare	1
sprangare	3	stancare; -rsi*	2
sprecare	2	standardizzare	1
spremere	8	stangare	3
sprigionare	1	stanziare; -rsi*	6
sprintare	1	stappare	1
sprizzare	1	**stare***	86
sprofondare	1	starnazzare	1
sproloquiare	6	starnutire	19
spronare	1	stazionare	1
sprovincializzare	1	steccare	2
spruzzare	1	stemperare	1
spulciare	4	stempiarsi*	6
spumare	1	stendere	49
spumeggiare	5	stenografare	1
spuntare	1	stentare	1
spurgare	3	sterilizzare	1
sputacchiare	6	sterminare	1
sputare	1	sterrare	1
squadrare	1	sterzare	1
squagliare	6	stigliare	6
squalificare	2	stilare	1
squamare	1	stilizzare	1
squarciare	4	stillare	1
squartare	1	stimare	1
squassare	1	stimolare	1
squilibrare	1	stingere	32

stipare	1	stravolgere	59
stipendiare	6	straziare	6
stipulare	1	stregare	3
stiracchiarsi*	6	stremare	1
stirare	1	strepitare	1
stivare	1	stressare; -rsi*	1
stizzirsi*	19	striare	7
stoccare	2	stridere	31
stonare	1	strigliare	6
stoppare	1	strillare	1
storcere	58	striminzire	19
stordire	19	strimpellare	1
storicizzare	1	stringare	3
stormire	19	**stringere**	57
stornare	1	strisciare	4
storpiare	6	stritolare	1
strabenedire	69	strizzare	1
strabiliare	7	strofinare	1
stracciare	4	strombazzare	1
stracuocere	10	strombettare	1
strafare	73	stroncare	2
stralciare	4	stropicciare	4
stralodare	1	strozzare	1
stralunare	1	struccare	2
stramaledire	69	strumentalizzare	1
stramazzare*	1	strusciare	4
strangolare	1	strutturare	1
strapagare	3	stuccare	2
straparlare	1	studiacchiare	6
strapazzare	1	studiare	6
strappare	1	stufare; -rsi*	1
straripare	1	stupefare	73
strascicare	2	stupire	19
strascinare	1	stuprare	1
stratificare	2	stuzzicare	2
strattonare	1	subaffittare	1
stravaccarsi*	2	subappaltare	1
stravedere	16	subdelegare	3
stravincere	58	subentrare*	1
straviziare	6	subire	19

subissare	1	svanire*	19
sublimare	1	svantaggiare	6
subodorare	1	svariare	6
subordinare	1	svasare	1
succedere*	8	svegliare; -rsi*	6
succedere*	23	svelare	1
succhiare	6	svelenire	19
sudare	1	svellere	36
suddividere	31	sveltire	19
suffragare	3	svenare	1
suggerire	19	svendere	8
suggestionare	1	svenire*	90
suicidarsi*	1	sventagliare	6
suolare	1	sventare	1
suonare	1	sventolare	1
superare	1	sventrare	1
supervalutare	1	sverginare	1
supervisionare	1	svergognare	1
supplicare	2	svernare	1
supplire	19	svestire; -rsi*	18
supporre	79	svettare	1
supportare	1	svezzare	1
suppurare	1	sviare	7
surgelare	1	svignare*	1
surriscaldare	1	svilire	19
surrogare	3	sviluppare; -rsi*	1
suscitare	1	svincolare	1
susseguire*	18	sviolinare	1
sussidiare	6	sviscerare	1
sussistere*	39	svitare	1
sussultare	1	svogliarsi*	6
sussurrare	1	svolazzare	1
suturare	1	svolgere; -rsi*59	
svagare	3	svoltare	1
svaligiare	6	svoltolare	1
svalorizzare	1	svuotare	1
svalutare	1		

T

tabuizzare	1	teletrasmettere	44
tabulare	1	tematizzare	1
tacciare	4	temere	8
tacere	15	temperare	1
tacitare	1	tempestare	1
tagliare	6	temporeggiare	5
taglieggiare	5	temporizzare	1
tagliuzzare	1	temprare	1
tallonare	1	tendere	49
tambureggiare	5	**tenere**	87
tamburellare	1	tentare	1
tampinare	1	tentennare	1
tamponare	1	teologizzare	1
tangere ()	32	teorizzare	1
tappare	1	tergere	38
tappezzare	1	tergiversare	1
tarare	1	terminare	1
tardare	1	termoregolare	1
targare	3	termosaldare	1
taroccare	2	termostabilizzare	1
tarpare	1	termostatare	1
tartagliare	6	terrazzare	1
tartassare	1	terrificare	2
tassare	1	territorializzarsi*	1
tastare	1	terrorizzare	1
tatuare	1	terziarizzare	1
tecnicizzare	1	tesaurizzare	1
telecomandare	1	tesoreggiare	5
telecopiare	6	tesserare	1
telediffonder	42	tessere	8
telefonare	1	testare	1
telegrafare	1	testimoniare	6
teleguidare	1	tifare	1
telematizzare	1	timbrare	1
teleradiotrasmettere	44	tingere	32
telericevere	8	tinteggiare	5
teleriscaldare	1	tintinnare	1

tipizzare	1	tramare	1
tiranneggiare	5	tramestare	1
tirare	1	tramezzare	1
titolare	1	tramontare*	1
titubare	1	tramortire	19
toccare	2	tramutarsi*	1
togliere	83	tranciare	4
tollerare	1	trangugiare	5
tonificare	2	tranquillizzare	1
torcere	58	transcodificare	2
torchiare	6	transennare	1
toreare	1	transigere	8
tormentare	1	transistorizzare	1
tornare*	1	transitare*	1
tornire	19	transumare	1
torrefare	73	trapanare	1
torreggiare	5	trapassare	1
torturare	1	trapelare*	1
tosare	1	trapiantare; -rsi*	1
tossicchiare	6	**trarre**	88
tossire	19	trasalire	19
tostare	1	trasbordare	1
totalizzare	1	trascendere	49
traballare	1	trascinare	1
traboccare	2	trascorrere	30
tracannare	1	trascrivere	55
tracciare	4	trascurare	1
tracimare	1	trasecolare	1
tracollare*	1	trasferire; -rsi*	19
tradire	19	trasfigurare	1
tradurre	67	trasformare	1
trafficare	2	trasgredire	19
trafiggere	43	traslare	1
trafilare	1	traslocare	2
traforare	1	trasmettere	44
trafugare	3	trasparire	63
traghettare	1	traspirare*	1
trainare	1	trasporre	79
tralasciare	4	trasportare	1
tramandare	1	trastullare	1

trasudare	1	tripartire	19
trasvolare	1	triplicare	2
trattare	1	trisecare	2
tratteggiare	5	tritare	1
trattenere	87	triturare	1
traumatizzare	1	trivellare	1
travagliare	6	troncare	2
travalicare	2	troneggiare	5
travasare	1	trottare	1
traversare	1	trovare; -rsi*	1
travestire	18	truccare; -rsi*	2
traviare	7	trucidare	1
travisare	1	truffare	1
travolgere	59	tubare	1
trebbiare	6	tuffarsi*	1
tremare	1	tumefarsi*	73
tremolare	1	tumulare	1
trepidare	1	tuonare	1
tribolare	1	turare	1
tributare	1	turbare	1
trincare	2	turbinare	1
trincerare; -rsi*	1	turlupinare	1
trinciare	4	tutelare	1

U

ubbidire	19	umidificare	2
ubicare	2	umiliare	7
ubriacare; -rsi*	2	uncinare	1
uccidere	31	ungere	32
udire	22	unificare	2
ufficializzare	1	uniformare	1
uguagliare	6	unire; -rsi*	19
ulcerare	1	universalizzare	1
ultimare	1	urbanizzare	1
ululare	1	urgenzare	1
umanizzare	1	urgere ()	32
umettare	1	urinare	1

urlare	1	usufruire	19
urtare	1	usurare	1
usare	1	usurpare	1
uscire*	23	utilizzare	1
ustionare	1		

V

vaccinare	1	vendere	8
vacillare	1	vendicare	2
vagabondare	1	venerare	1
vagare	3	**venire***	91
vagheggiare	5	ventilare	1
vagire	19	verbalizzare	1
vagliare	6	verdeggiare	5
valere	89	vergare	3
valicare	2	vergognarsi*	1
validare	1	verificare; -rsi*	2
valorizzare	1	verniciare	4
valutare	1	versare	1
vanagloriarsi*	6	verseggiare	5
vaneggiare	5	versificare	2
vangare	3	vertere ()	8
vanificare	2	verticalizzare	1
vantare	1	vestire; -rsi*	18
vaporizzare	1	vetrificare	2
varare	1	vezzeggiare	5
varcare	2	viaggiare	5
variare	7	vibrare	1
vedere	16	videoregistrare	1
vegetare	1	vidimare	1
vegliare	6	vietare	1
veicolare	1	vigere ()	8
velare	1	vigilare	1
veleggiare	5	vilipendere	49
vellutare	1	villeggiare	5
velocizzare	1	**vincere**	76
vendemmiare	6	vincolare	1

vinificare	2	vociare	4
violare	1	vociferare	1
violentare	1	vogare	3
virare	1	volantinare	1
virilizzare	1	volatilizzare	1
visionare	1	**volere**	91
visitare	1	volgarizzare	1
visualizzare	1	**volgere**	59
vitalizzare	1	voltare	1
vitaminizzare	1	volteggiare	5
vituperare	1	voltolarsi*	1
vivacchiare	6	vomitare	1
vivacizzare	1	votare	1
vivere	17	vulnerare	1
vivificare	2	vuotare	1
viziare	6		

X

xerocopiare	6	xerografare	1

Z

zampettare	1	zincare	2
zampillare	1	zittire	19
zappare	1	zizzagare	3
zavorrare	1	zoomare	1
zeppare	1	zuccherare	1
zigzagare	3	zumare	1

www.lernhilfen-sprachen.com

www.lernhilfen-shop.com

Titelbild: Fotolia

Herstellung und Verlag:
BoD - Books on Demand, Norderstedt
ISBN 978-3-7386-1224-0